Gefion Landgraf

Die fröhliche Querflöte

Querflötenschule für den Einzel- und Gruppenunterricht

Band 2

mit Illustrationen von
Andreas Schürmann

ED 20592
ISMN 979-0-001-17871-6

ED 20592-50 (Ausgabe mit CD)
ISMN 979-0-001-17923-2

www.schott-music.com

SCHOTT

Mainz · London · Berlin · Madrid · New York · Paris · Prague · Tokyo · Toronto

Dieses Heft gehört:

Meine Lehrerin / mein Lehrer heißt:

So sehe ich aus
(Foto bitte einkleben)

Bestellnummer: ED 20592
ISMN 979-0-001-17871-6
ISBN 978-3-7957-4596-7

Bestellnummer: ED 20592-50 (Ausgabe mit CD)
ISMN 979-0-001-17923-2
ISBN 978-3-7957-4604-9

Illustrationen: Andreas Schürmann
Lektorat: Dr. Rainer Mohrs, Wencke Bloeck

Layout und Satz: Willems Notensatz, Villingen-Schwenningen

Printed in Germany · BSS 54492

Liebe Schülerin, lieber Schüler!

Ich freue mich, dass wir uns in Band 2 „Die fröhliche Querflöte" wieder sehen.

Nach den ersten Anfängen in Band 1 soll dich Band 2 an neue Tonarten und neue Rhythmen heranführen. Wir erweitern den Tonraum nach oben hin, so dass du anschließend problemlos auch in einem (Nachwuchs-) Orchester oder in einem Ensemble spielen kannst. Außerdem lernen wir swingend und jazzig zu spielen.

Die Schule enthält neben den notwendigen Übungen viele verschiedene Melodien und Duette, die auch in einem Konzert vorgetragen werden können, außerdem Anregungen zum Improvisieren.

Zu dieser Schule gibt es auch eine CD. Dort sind die Melodien mit Klavierbegleitung oder mit Band eingespielt. So kann man sich die Stücke zunächst anhören und dann auch mitspielen.

Zum weiteren Musizieren gibt es ein Spielbuch mit vielfältigen und reizvollen Stücken für Flöte und Klavier und zwei Flöten und ein Trioheft mit vielen pfiffigen Melodien für drei Flöten.

Viel Spaß, viele schöne Stunden und weiterhin viel Erfolg mit der Querflöte wünscht dir

Gefion Landgraf

Liebe Kolleginnen, liebe Kollegen!

Dankeschön, dass Sie sich für „Die fröhliche Querflöte" entschieden haben. Band 2 führt an neue Tonarten und neue Rhythmen heran und schließt mit Tonleitern, Dreiklängen und Duetten in den Dur-Tonarten bis 3♯ und 3♭. Außerdem werden die ersten Moll-Tonarten eingeführt. Der Tonraum wird behutsam bis zum f''' erweitert. Des Weiteren wird das ternäre swingende Jazz-Spiel eingeführt.

Auf die Eintragung von Atemzeichen wird in Band 2 verzichtet. Weiterhin sind viele Melodien mit den dazugehörigen Texten abgedruckt. Angaben zur Dynamik werden behutsam eingeführt und sollten von Schüler oder von Ihnen individuell eingetragen werden. Ansonsten sollte dem Melodieverlauf auf natürliche Weise gefolgt werden.

Viele Stücke sind mit Harmoniesymbolen in der international üblichen Standard-Schreibweise (B = H-Dur und B♭ = B-Dur) abgedruckt.

Wie bereits bei Band 1 gibt es die Möglichkeit, die Schule mit CD oder ohne CD zu erwerben. Das Exemplar mit CD enthält auf der vorderen Umschlaginnenseite das Verzeichnis mit den Tracknummern.

Zur Vertiefung der Inhalte und zur weiteren Förderung des gemeinsamen Musizierens empfehle ich das Spielbuch 2 mit Werken für Flöte und Klavier und weiteren Duetten.
Die Klaviersätze sind bewusst einfach gehalten. Interessant und gewinnbringend, nicht nur für den Gruppenunterricht, dürfte auch das Trioheft für drei Flöten sein. Beide Zusatzhefte sind genau auf die Lernprogression in der Schule abgestimmt.

Gefion Landgraf

Inhaltsverzeichnis

Herzlich willkommen!

1 Gavotte

Nicolas Chédeville
(1705–1782)
Bearbeitung: G. L.

Eine **Gavotte** ist ein schneller Tanz, meist mit einem Auftakt beginnend.

Bei einen Duo sollten immer beide Stimmen geübt werden.

Nicolas Chédeville, der jüngste von drei Brüdern, war Komponist und Oboist in Frankreich. Mütterlicherseits waren sie mit der Familie des bekannten Flötisten Jacques-Martin Hotteterre (1674–1763) verwandt, der die drei Brüder (Nicolas, Pierre, Esprit-Philippe) in Paris einführte.

Das gis' und das gis''

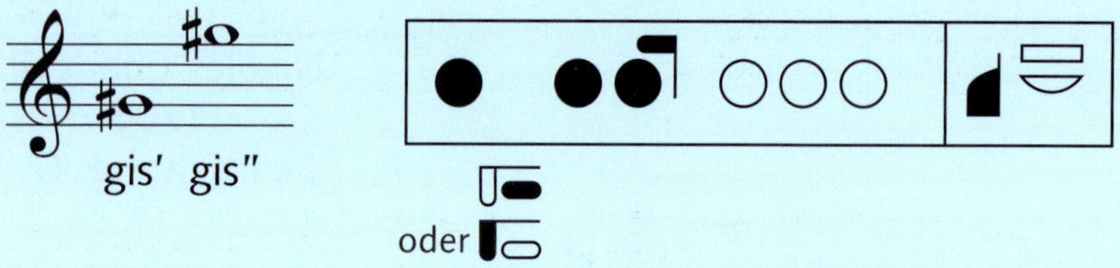

2 Fingergymnastik

3 Menuett

Adam Krieger
(1634–1666)
Bearbeitung: G. L.

Adam Krieger war Kirchenmusiker und lebte in Sachsen. Als Komponist und Dichter von zahlreichen Liedern ist er bis heute bekannt geblieben. Eine Klavierbegleitung findest du im Spielbuch.

S Jetzt kannst du im Spielbuch die Nummern 1–4 spielen.

4 Little Finger Rock

Rudolf Mauz

Bei der Wiederholung können die Stimmen getauscht werden.

Die a-Moll-Tonleitern und der Dreiklang

Dur (von lateinisch „durus“ = hart) und **Moll** (von lat. = „mollis“ weich) sind die beiden Tongeschlechter in der Musik.
Wenn du den sechsten Ton einer Dur-Tonleiter nimmst, dann hast du den Anfangston der parallelen Moll-Tonleiter. Der sechste Ton der C-Dur-Tonleiter ist das a.

Spiele nun eine Moll-Tonleiter von a' bis a''.

Die reine Moll-Tonleiter (äolisches Moll)
Die Halbtonschritte liegen zwischen der zweiten und dritten sowie zwischen der fünften und sechsten Stufe.

rein (äolisch)

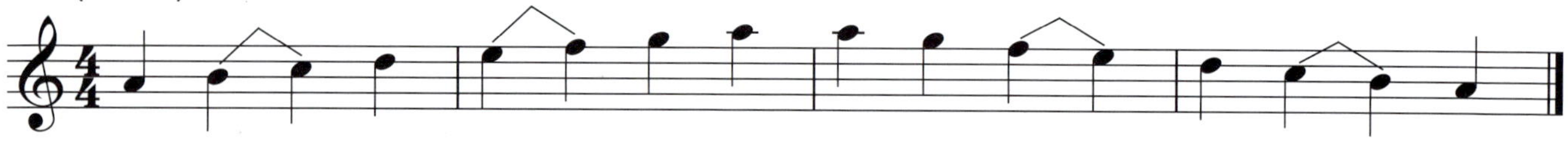

Die harmonische Moll-Tonleiter
Der reinen Moll-Tonleiter fehlt der Leitton. Um wieder ein starkes Grundgefühl herzustellen, hat man bei der harmonischen Moll-Tonleiter den 7. Ton als „Leitton“ erhöht. Kennzeichne die Halbtonschritte! Die harmonische Moll-Tonleiter hat drei Halbtonschritte.

harmonisch

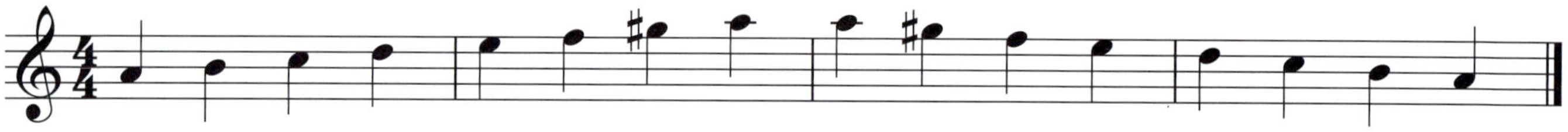

Die melodische Moll-Tonleiter
Da der Schritt vom f zum gis schwer zu singen ist, hat man noch eine „melodischere“ Fassung der Moll-Tonleiter erfunden. Hier ist auch der 6. Ton erhöht, allerdings nur in der Aufwärtsbewegung. Abwärts geht die melodische Moll-Tonleiter wie die reine Moll-Tonleiter. Kennzeichne die Halbtonschritte!

melodisch

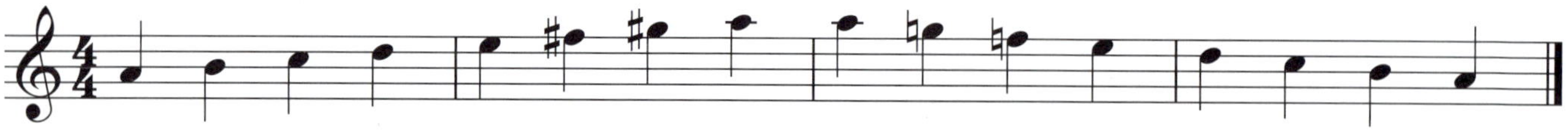

Der Moll-Dreiklang besteht aus dem ersten, dritten und fünften Ton der Moll-Tonleiter.

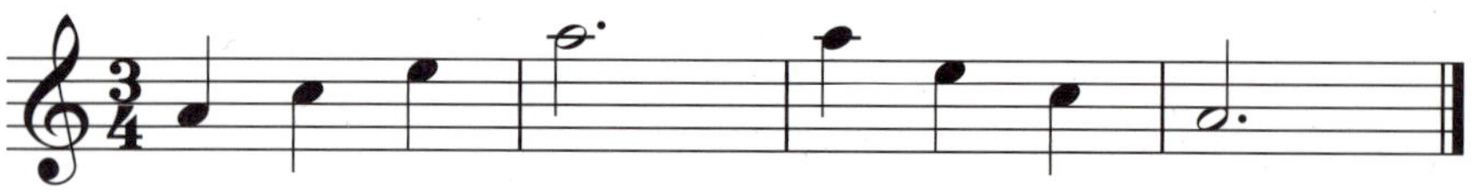

5 Allegretto

Ernesto Köhler
(1849–1907)

Ernesto Köhler, italienischer Flötist, lebte ab 1871 in St. Petersburg in Russland. Er hinterließ über 100 Kompositionen für Flöte.

Ritardando (abgekürzt: rit.) bedeutet: langsamer werden.

a tempo bedeutet: im Tempo spielen, bzw. wieder im vorhergehenden Tempo spielen.

Die Einspielseite

Töne aushalten:

1. Einige Zeit aushalten (laut),
   dann den Ton verklingen lassen.
2. Mit sanften Atemschüben
   den Ton wellenförmig bewegen.
   Am Ende verklingen lassen.

3.

usw. bis d'

usw. bis c'''

4.

usw. bis d'

usw. bis c'''

5.

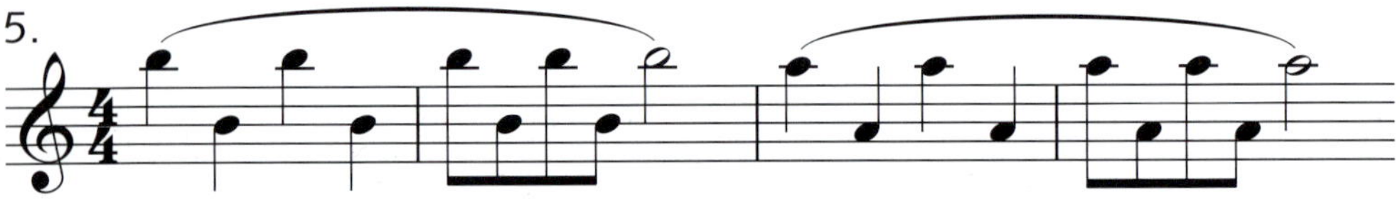

usw.

Auch mit dem unteren Ton beginnen.

Ergänze diese Übungen im weiteren Verlauf der Schule um die neu gelernten Töne.

6. Töne der G-Dur-Tonleiter

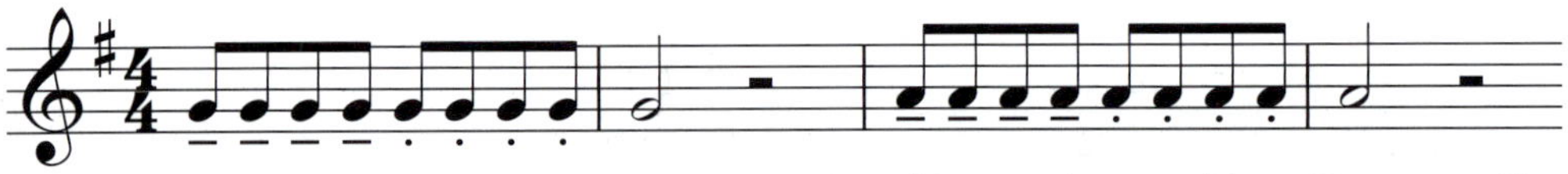

usw.

Erst vier Töne dicht, dann vier Töne staccato spielen. Auch in anderen Tonarten üben.
Das Staccatospiel wird auf Seite 20 eingeführt. Spiele daher zunächst alle Töne dicht.

7.

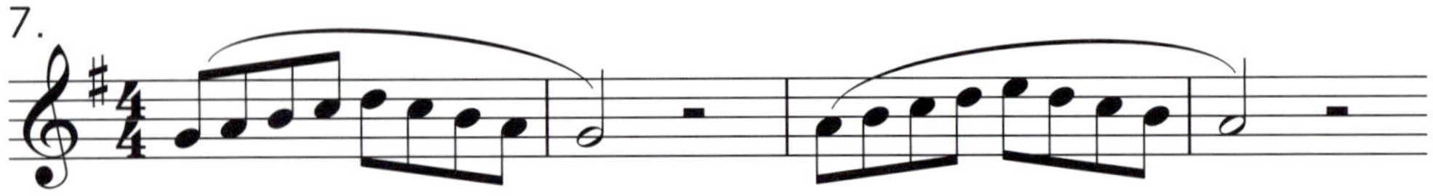

usw.

Auch in anderen Tonarten üben.

8.

usw.

Auch in anderen Tonarten üben.

Das d'''

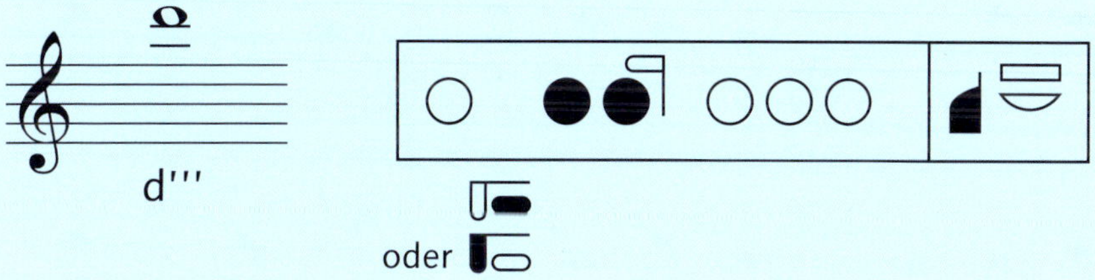

6 Tanz

Georg Friedrich Händel
(1685–1759)
Bearbeitung: Rudolf Mauz

Georg Friedrich Händel, Komponist in der Barockzeit, schrieb zahlreiche Opern, Oratorien (zum Beispiel „Der Messias" mit dem berühmten „Halleluja"), Orchestermusik (zum Beispiel die „Wassermusik") und Kammermusik. Lange Zeit lebte er in London. Seine letzte Ruhestätte befindet sich in Westminster Abbey.

7 Fingergymnastik

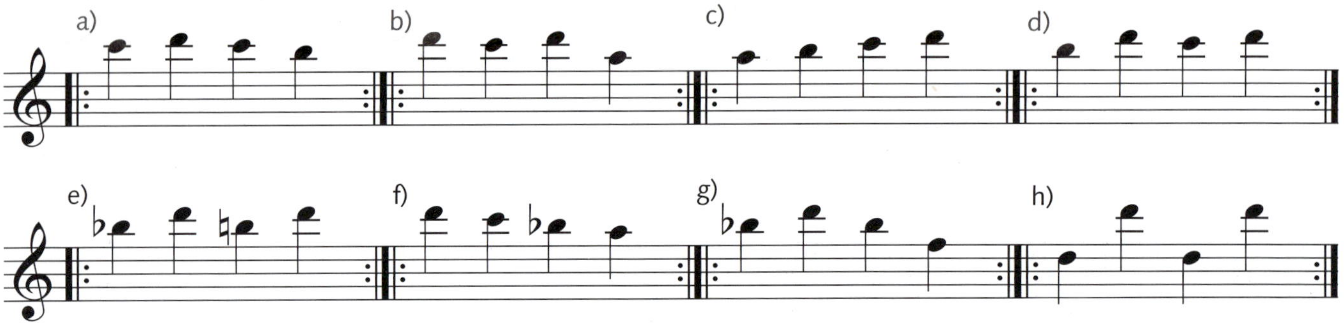

Auch legato üben.
Jede Übung sollte auch vom 2., 3. und 4. Ton aus geübt werden.

Notiere dir, welchen Daumenhebel du benutzen möchtest:
o = h-Hebel
+ = b-Hebel

8 Sunshine Beach

Rudolf Mauz

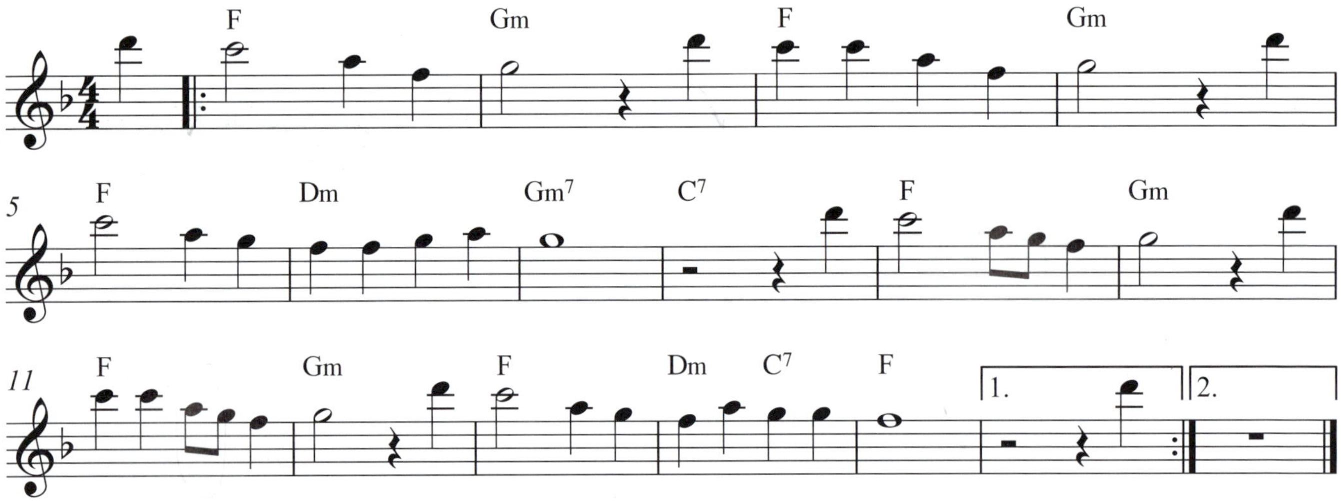

S Jetzt kannst du im Spielbuch die Nummer 5 spielen.

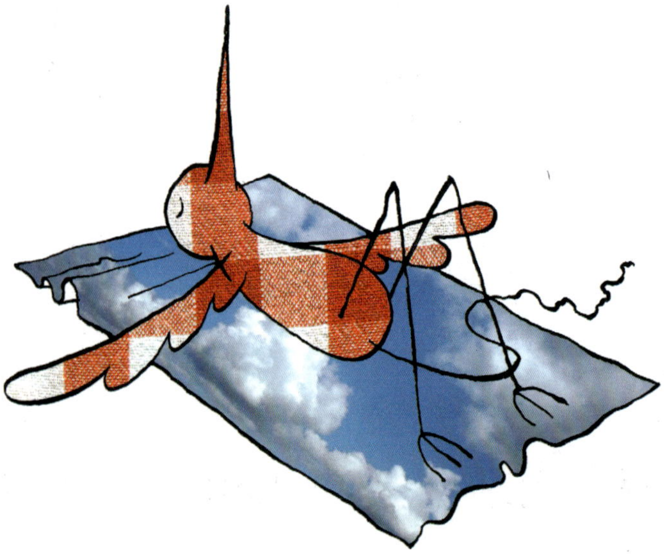

9 Duo

François Devienne
(1759–1803)
Bearbeitung: G. L.

François Devienne war Flötist und Komponist.
Er war das siebte von acht Kindern.
Sein älterer Bruder brachte ihm in frühem Kindesalter
das Spiel mehrerer Instrumente bei.

Einige Gedanken zur Atmung

Beim Atmen wird der Körper bewegt.
Diese Bewegungen kann man natürlich sehen.

Die Lunge hat keine eigene Muskulatur. Sie atmet nicht selbst, sondern ihr wird beim Atmen geholfen. Bewegungen im Körper werden durch das Bewegen von Muskeln herbeigeführt. Das heißt, es sind Atemmuskeln nötig, die dafür sorgen, dass Luft in die Lunge gelangt. Welches sind nun die Atemmuskeln?

Der wichtigste Atemmuskel ist das Zwerchfell. Das Zwerchfell wird auch als Dirigent des Atemvorganges bezeichnet. Es liegt quer (ein altes Wort dafür heißt „zwerch") in der Körpermitte und trennt den Brustraum vom Bauchraum. In der Mitte besteht das Zwerchfell aus einer Sehnenplatte, an den Rändern aus Muskeln. Wenn sich diese Muskeln anspannen, bewegt sich das Zwerchfell nach unten. Dabei folgen die Lungen dieser Bewegung und werden größer. Somit wird Luft „eingesaugt". Wenn sich das Zwerchfell nach unten bewegt, müssen die Bauchorgane „ausweichen". Das tun sie nach allen Seiten: nach vorne (der Bauch bewegt sich), nach hinten und zur Seite hin. Kannst du das spüren? Verstehst du nun, warum man von Bauchatmung spricht?

Neben dem Zwerchfell sind noch andere Muskeln für das Einatmen zuständig. Spürst du, wie sich beim Einatmen der Brustkorb weitet und die Rippen angehoben werden? Dafür sorgen die Zwischenrippenmuskulatur und die Rückenstreckermuskeln. Hier spricht man von Brustatmung.
Beim Flöten sind die Atemformen Idealerweise miteinander kombiniert. Das Atmen ist ein umfassender Vorgang, der den ganzen Körper bewegt. Das gelingt besonders gut, wenn das Einatmen geräuschlos und mit lockerer Zunge geschieht.

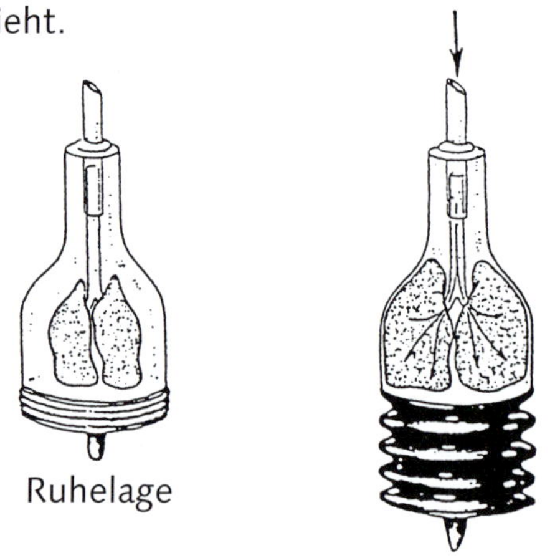

Ruhelage

Einatmungsvorgang

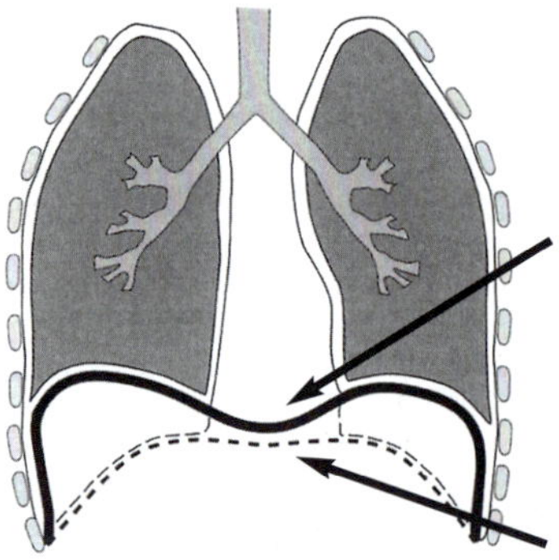

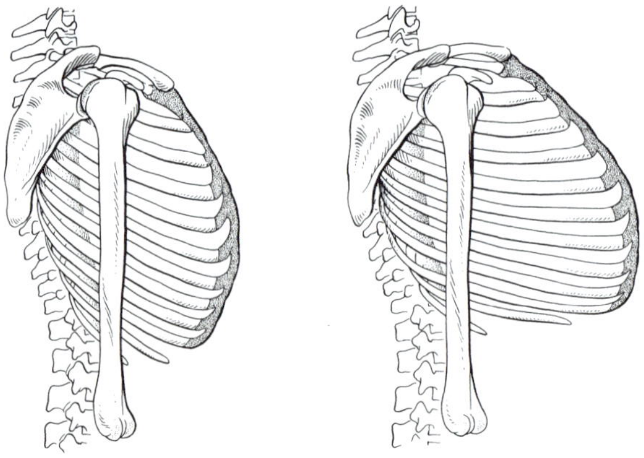

Brustkorb in Ruhestellung

Brustkorb in Einatmungsstellung

Atem kann . . .

. . . hörbar gemacht werden:
durch Zischlaute und Lippengeräusche oder durch das Blasen gegen die Seiten eines Buches. Fällt dir auch noch etwas ein?

. . . sichtbar gemacht werden:
wenn gebündelter Atem ein Blatt Papier an der Wand „festhält", oder wenn man mit dem Atem einen Vorhang in Bewegung bringt. Sichtbar wird der Atem auch dann, wenn gegen einen Spiegel geblasen wird. Kalter Atem erzeugt einen kleinen Punkt, der lange sichtbar bleibt, warmer Atem erzeugt einen großen Punkt, der schnell wieder verschwindet.

. . . spürbar gemacht werden:
wenn du kalten Atem in deine Handfläche bläst. Hörst du das Zischen? Kalte Luft ist hörbar, warme Luft ist fast nicht hörbar. So ist es auch beim Flöte spielen.

Über die Vorstellung kann man den Atem beeinflussen. Wenn man sich zum Beispiel vor stellt, man blase den Atem auf den Kopf eines Bleistiftes, schafft man hierdurch einen gebündelten Atemstrom. Der sorgt für einen schönen Ton beim Flötenspiel.

Übung zum Einatmen
Nach diesen Übungen und Vorstellungshilfen zum Ausatmen, kommen hier noch einige Übungen zum Einatmen. Ziel ist es, dass unser Einatmen möglichst geräuschlos und schnell erfolgt.
Forme beim Einatmen verschiedene Vokale. Was hörst du? Was spürst du? Hörst du das Geräusch, wenn du auf den Vokal „*i*" einatmest? Das Geräusch ist zu hören, weil die Zunge beinahe den Gaumen berührt.
So würde das Einatmen beim Flöte spielen nur sehr langsam und viel zu mühevoll ablaufen.
Wenn du auf den Vokalen „*a*" oder „*u*" einatmest, dürfte kein Geräusch zu hören sein – oder?

Die wichtigsten Tempobezeichnungen

Adagio	langsam	M. M. ca. 52–58
Andante	gehend	60-84
Moderato	mäßig schnell	88-104
Allegro	schnell	108-138
Vivace	lebhaft	144-160
Presto	sehr schnell	168-200
accelerando	schneller werden	accel.
ritardando	langsamer werden	rit.

Was M.M. bedeutet, kannst du auf der nächsten Seite erfahren.

10 Andante

Caspar Kummer
(1795–1870)
Bearbeitung: G. L.

Johann Caspar Kummer (auch Gaspard Kummer) spielte schon in jungen Jahren viele Instrumente. Später war er zunächst Flötist und dann Leiter der Schlosskapelle des Herzogs in Coburg.

11 Etüde

Nach Giuseppe Gariboldi
(1833–1905)
Bearbeitung: G. L.

In welchem Tempo kannst du diese Etüde spielen? Vielleicht schaffst du nach einigem Üben auch das Tempo Allegro.

Giuseppe Gariboldi war Komponist und Flötist in Italien.

Das Metronom wurde von Beethovens Freund **Johann Nepomuk Mälzel** erfunden, der noch allerlei andere heute vergessene „Musikmaschinen“ konstruierte. Auf dem Metronom kannst du ein bestimmtes Tempo einstellen und hast dann eine Kontrolle, ob du dieses Tempo richtig einhältst.
Bei M. M. = 60 (M. M. ist die Abkürzung für „Mälzels Metronom“) tickt das Metronom genau 60mal in der Minute.

12 Eine Insel mit zwei Bergen

M: Meinschäfer/Schoplick/Stahlschmidt/Amann
T: Meinschäfer/Schoplick/Stahlschmidt
Bearbeitung: G. L.

Allegro

Jim Knopf und Lukas der Lokomotiv-führer ist ein Kinderbuch von Michael Ende aus dem Jahr 1960. Bekannt wurde die Geschichte auch durch die Verfilmung mit der „Augsburger Puppenkiste" mit dem Lummerlandlied.

13 Improvisation I

Rudolf Mauz

Improvisation I
Als harmonisches Gerüst spielen drei Flöten die Triostimmen. Dazu improvisiert eine weitere SpielerIn mit den fünf Tönen.
Das harmonische Gerüst (Töne es, g, b, d, g) kann auch von einem Klavier (eine Oktave tiefer) gespielt werden.

Staccatospiel 

Beim Staccato-Spiel klingen die Töne kurz.
Staccato spielen heißt kurz spielen.

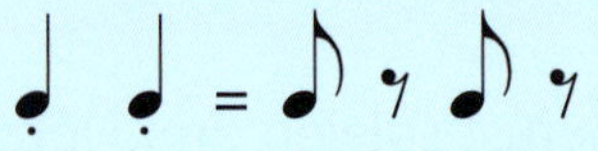

Staccato-Töne entstehen, wenn die Zunge für einen bestimmten Moment den Atem am Weiterströmen hindert. Der Ton beginnt mit dem Abziehen der Zunge. Nun kann der Atem in die Flöte strömen und der Ton beginnt. Danach kehrt die Zunge schnell wieder an ihren Ausgangsplatz zurück.
So klingt der Ton nur für einen kurzen Moment.
Spiele einige Staccato-Töne nacheinander.
Der Atem darf dabei nicht abreißen, sondern muss weiterströmen.
Ein Staccato-Ton vor einer Pause wird nicht mit der Zunge, sondern mit dem Atem beendet.
Auch Staccato-Töne müssen klangvoll sein.
Dazu muss genügend Atem strömen.

14 Thema

Joseph Haydn
(1732–1809)
Bearbeitung: G. L.

Angeblich komponierte **Joseph Haydn** seine berühmte **Sinfonie mit dem Paukenschlag** um gewisse Leute im Publikum, die in den langsamen und leisen Sätzen immer sanft entschlummerten, aufzuschrecken. Der zweite Satz beginnt äußerst leise und urplötzlich ertönt ein lauter Paukenschlag.

S Jetzt kannst du im Spielbuch die Nummern 6–10 spielen.

15 Etüde

Giuseppe Gariboldi

Andantino wird etwas langsamer gespielt als **Andante.**

Bis Takt 25 hast du das Stück mit dem b-Daumenhebel gespielt. Im weiteren Melodieverlauf kommt der Ton h.
In Takt 25, nach dem Ton c'' (da ist der Daumen von der Klappe weg), kannst du auf den h-Hebel wechseln und bis Takt 31 spielen.
In Takt 32, nach dem ersten oder zweiten c'', wechselst du wieder zurück. Das ist ein Beispiel dafür, wie man zwischen dem b- und h-Hebel wechseln kann. Man sollte niemals auf der Daumenklappe rutschen!

16 No Conversation?

Rudolf Mauz

D. C. al Fine

17 Smalltalk

Rudolf Mauz

Welche Daumenklappe benutzt du für dieses Stück?

Das nächste Stück „Talkshow" kannst du nur auf der h-Daumenklappe spielen. Das b wird mit dem Zeigefinger gegriffen. Nicht mit dem Daumen rutschen!

18 Talkshow

Rudolf Mauz

*) Dieses Stück kann erregt klingen oder, wie auf der CD eingespielt, sich ganz relaxed anhören.

Das cis'

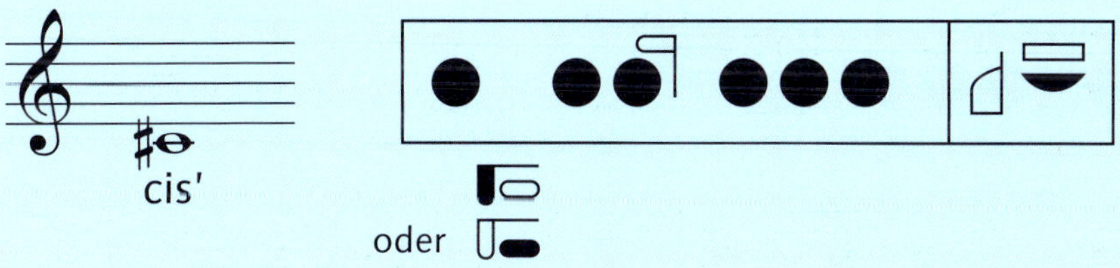

Hinweis:
Wer vorerst weitere hohe Töne lernen möchte, kann sich zunächst die Seiten 29, 46 und 49 erarbeiten.

19 Fingergymnastik

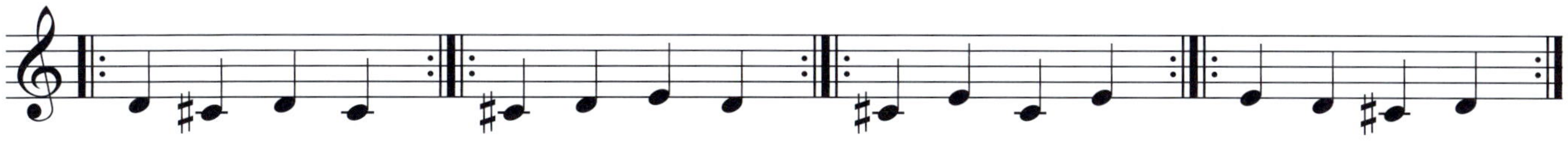

Auch legato üben.

20 Duo

Esprit Chédeville
(1634–1666)
Bearbeitung: G. L.

Nicht vergessen: Atemzeichen eintragen.

Das c'

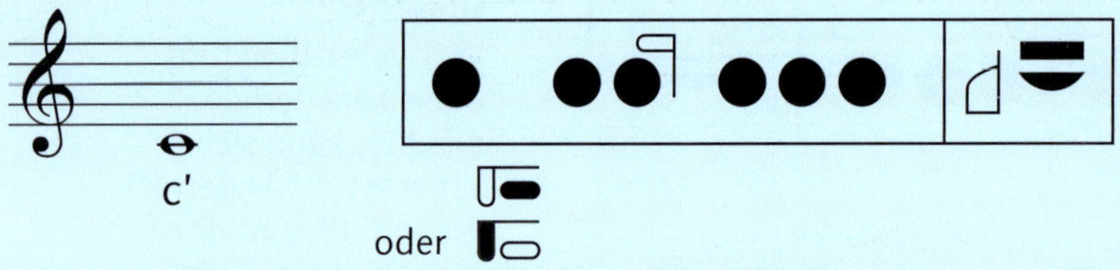

21 Fingergymnastik

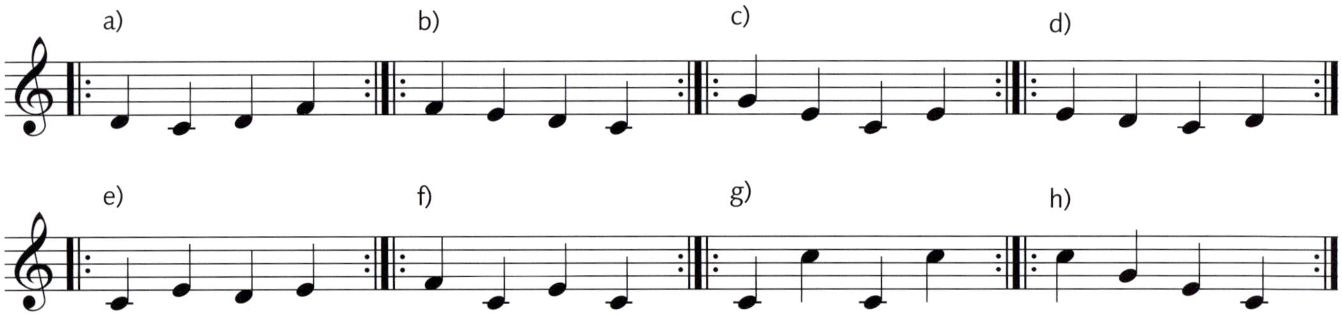

Auch legato üben.

Die C-Dur-Tonleiter über zwei Oktaven

22

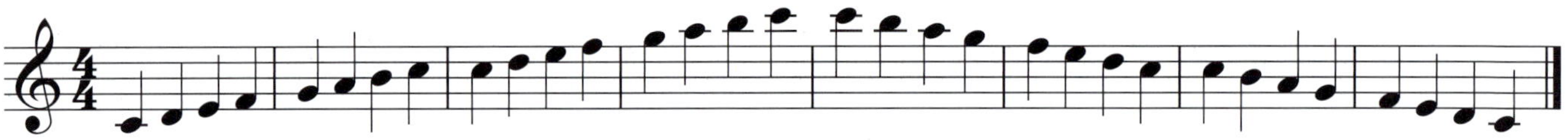

Artikulationsvarianten:

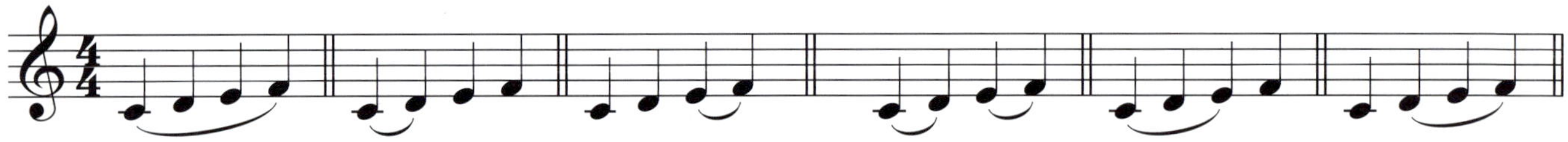

Rhythmische Varianten:

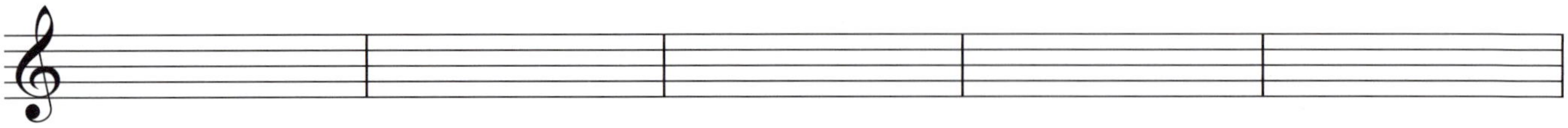

Welche Varianten fallen dir noch ein?

23 Der C-Dur-Dreiklang

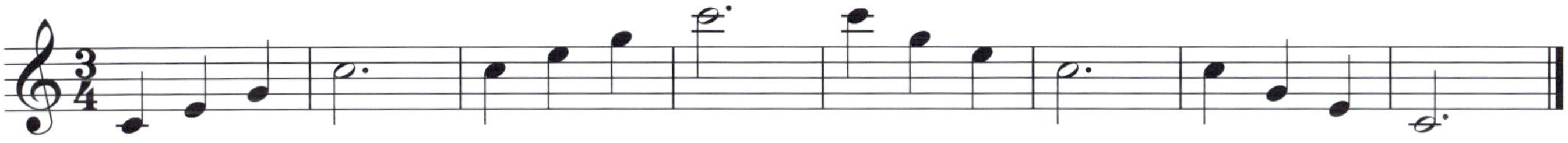

24 Menuett

Leopold Mozart
(1719–1787)
Bearbeitung: G. L.

Leopold Mozart war der Vater von Wolfgang Amadeus Mozart (1756–1791). Früh erkannte er das Talent seines Sohnes und reiste mit ihm quer durch Europa.

25 Etüde

Giuseppe Gariboldi

26 Auf, ihr Kinder

Kanon

Das cis'''

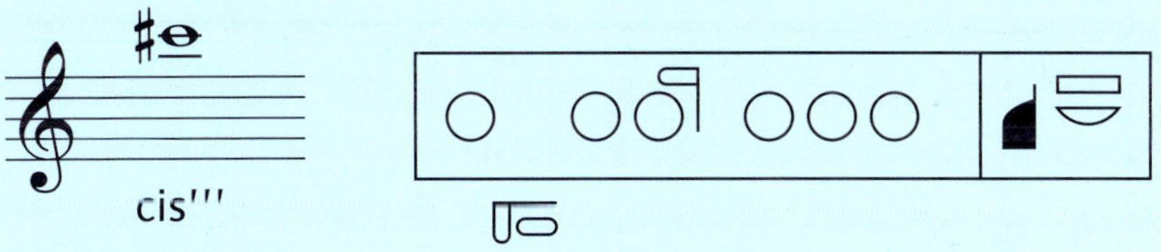

27 Fingergymnastik

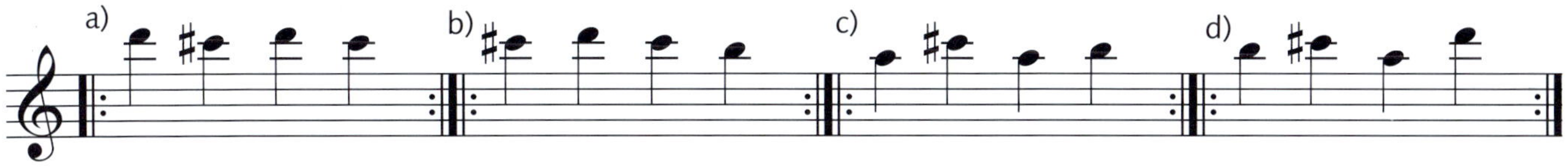

Auch legato üben.

28 Konzert-Duo

Amand Vanderhagen
(1753–1822)
Bearbeitung: Rudolf Mauz

Amand Vanderhagen war Militärmusiker und als Komponist auch Verfasser zahlreicher Lehrwerke für Blasinstrumente.

29 Menuetto

Amand Vanderhagen

Zusammen mit dem Duo auf Seite 76 können die Stücke von Vanderhagen auch als dreisätziges Werk gespielt werden.

Die D-Dur-Tonleiter über zwei Oktaven

30

Welche Varianten möchtest du spielen?

31 Der D-Dur-Dreiklang

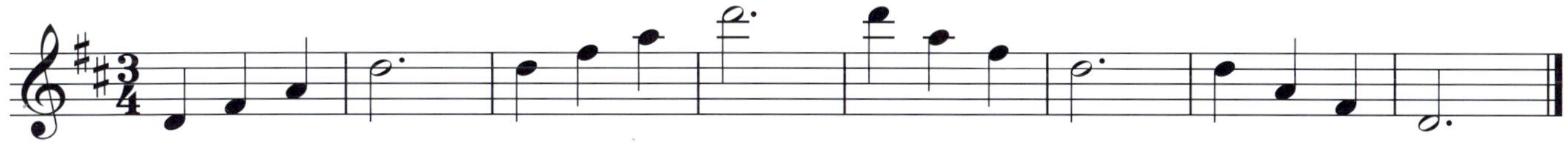

Transponiere den Kanon von Seite 28 von C-Dur nach D-Dur.

S Jetzt kannst du im Spielbuch die Nummer 11 spielen.

32 Tanz

Jean-Baptiste Loeillet
(1680–1730)
Bearbeitung: Rudolf Mauz

Jean-Baptiste Loeillet, in Belgien geborener Komponist, Cembalist, Flötist und Oboist, lebte ab 1705 in London und nannte sich dort John. Er schrieb viele Instrumentalwerke, vor allem für Flöte.

33 Gavotte

François Joseph Gossec
(1734–1829)
Bearbeitung: G. L.

D. C. al Fine

Die Sechzehntelnote

Eine Achtelnote = zwei Sechzehntelnoten

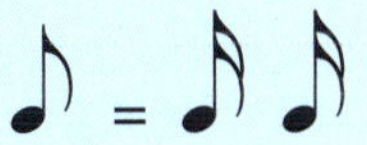

Eine Achtelpause = zwei Sechzehntelpausen

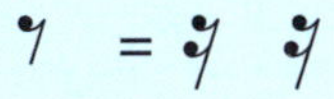

Mehrere Sechzehntelnoten können mit einem Balken zusammengefasst werden und sehen dann so aus:

2 Sechzehntel 4 Sechzehntel

Die vier Zählzeiten im Viervierteltakt sind bei der folgenden Übung durch die senkrechten Striche gekennzeichnet. Unter den Noten ist die rhythmische Einteilung zu sehen. Der neue Rhythmus kann so gesprochen werden:

	1	und die		2	und die	
oder	1	u	d	2	u	d

34 Etüde

Rudolf Mauz

35 Kalinka

aus Russland

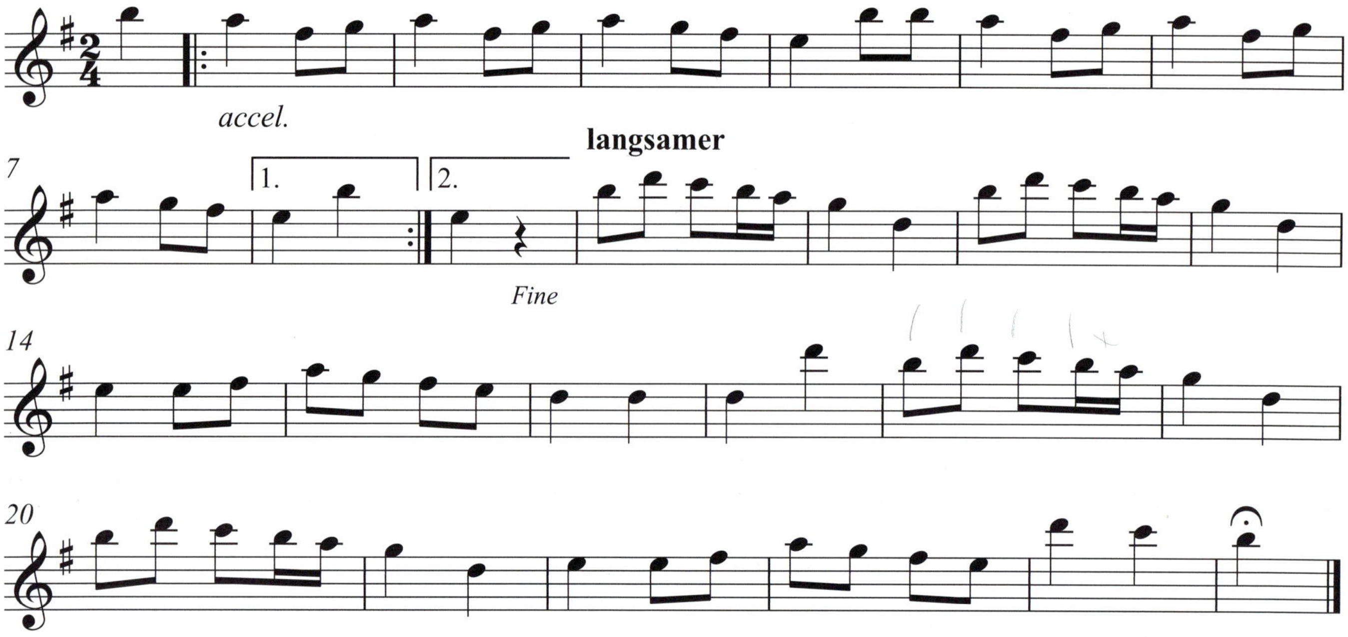

D. C. al Fine
mit Wiederholung

Accelerando (abgekürzt: accel.) bedeutet: schneller werden.

T Spiele das Lied auch einen Ganzton tiefer.

36 Air de Trompettes

aus England
Bearbeitung: G. L.

Die punktierte Achtelnote mit Sechzehntelnote

37 Etüde

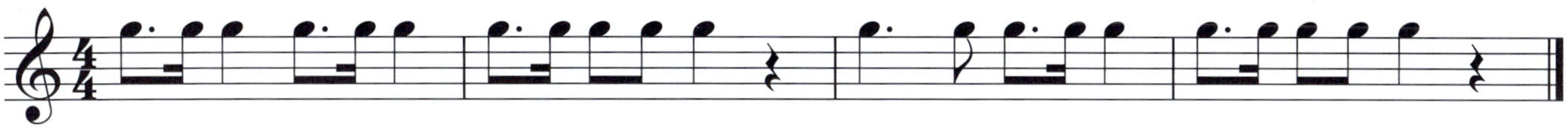

Trage mit einem Bleistift die Zählzeiten und die rhythmische Einteilung ein.

38 What shall we do with a drunken sailor

aus England

S Jetzt kannst du im Spielbuch die Nummern 12 und 13 spielen.

39 Oh my Darling Clementine

Traditional
Bearbeitung: G. L.

T Spiele die Melodie auch einen Ganzton höher.

40 Brüderchen, komm tanz' mit mir

aus der Oper „Hänsel und Gretel"

Engelbert Humperdinck
(1854–1921)

Die Oper **Hänsel und Gretel** wurde am 23. Dezember 1893 in Weimar uraufgeführt. Sie wurde zum Welterfolg und wird heute noch häufig an den Opernhäusern gespielt.

Humperdinck verwendet einerseits bekannte Melodien (*Ein Männlein steht im Walde*; *Suse liebe Suse, was raschelt im Stroh*) und andererseits wurden seine eigenen Melodien (*Brüderchen, komm tanz' mit mir*) so zu wahren Volksliedern.

Die Dynamik (Lautstärke)

Wir können laute und leise Töne entstehen lassen, durch starkes oder schwaches Blasen. Wenn du das versucht, wirst du hören, dass sich die Tonhöhe verändert. Man spricht davon, dass sich die Intonation verändert. Wenn man leiser wird, wird der Ton tiefer – wenn man lauter wird, wird der Ton höher. Das sollte ein guter Spieler natürlich nicht zulassen. Das ist leicht gesagt, aber was ist zu tun?

Vorübung
Wir nicken beim Spielen eines Tones mit dem Kopf auf- und ab, als ob wir ja sagen wollten. Was passiert mit deinem Klang? Und was passiert, wenn du das Instrument zwischen Daumen und Zeigefinger in der linken Hand nach innen und nach außen drehst? So müsste sich der Ton verändern lassen. Diese Beweglichkeit und dieses Gefühl sind wichtig, damit wir nun die Tonhöhe bewusst halten können.

Übung
Spiele einen Ton deiner Wahl, halte ihn einige Zeit aus und lass ihn dann verklingen. Behält der Ton am Ende seine Tonhöhe? Ist dies nicht der Fall, dann drehe dabei die Flöte leicht nach außen.
Wenn du einen Ton leise beginnst und ihn dann lauter werden lässt, musst du außen beginnen und dann die Flöte nach innen drehen, damit er die Tonhöhe behält.

A propos „halten". Wir wissen, dass der Atem dem Ton einen Halt geben muss. Das nennen wir „stützen" und fühlt sich so an (Übung ohne Flöte):
Nach dem Einatmen wird etwas Luft durch einen kleinen Spalt zwischen den Lippen abgegeben. Dann werden die Lippen geschlossen und der restliche Atem einige Sekunden zurückgehalten. Der Hals bleibt offen und der Atem „strömt" weiter. Den einzigen Widerstand bilden die geschlossenen Lippen. Man kann diesen Vorgang mehrmals wiederholen, bis das gesamte Atemvolumen ausgeschöpft ist. In den Momenten, wenn die Lippen geschlossen sind, ist im Körper ein „Stützgefühl" spürbar.

Die wichtigsten dynamischen Bezeichnungen

Die Dynamik bezeichnet die unterschiedliche Lautstärke in der Musik. Die Angaben sind in der Regel in italienischer Sprache. Die wichtigsten Grundstufen sind:

pp	pianissimo	sehr leise
p	piano	leise
mp	mezzopiano	mittlere Lautstärke (Richtung leise)
mf	mezzoforte	mittlere Lautstärke (Richtung laut)
f	forte	laut
ff	fortissimo	sehr laut
<	cresc. (crescendo) lauter werden	
>	decresc. (decrescendo) leiser werden	

Tipps für das forte-Spiel

- größere Mundöffnung
- größerer Lippenspalt
- steiler in die Flöte blasen

Tipps für das piano-Spiel

- kleinere Mundöffnung
- kleinerer Lippenspalt
- flacher in die Flöte blasen

41 Good Morning Blues

Rudolf Mauz

Die 2. Stimme von **Good Morning Blues** imitiert den Kontrabass. Die Töne sollten sich laut und wie bei einer gezupften Kontrabasssaite anhören.

Nun sind die wichtigsten Bezeichnungen zur Dynamik eingeführt. Sie werden jedoch im weiteren Verlauf der Schule sparsam eingesetzt, denn es gilt immer noch der Grundsatz: „Entwickle einen kräftigen und vollen Klang“.
Ein guter Spieler wird ein Stück auch dann musikalisch gestalten, wenn keine Eintragungen zur Dynamik zu finden sind.
Er folgt dem Melodieverlauf, macht sich Gedanken zu Titel und Tempoangabe und lässt seiner Kreativität freien Lauf.

42 Andenmelodie

Traditional
Bearbeitung: Rudolf Mauz

Die Andenmelodie, bekannt auch unter dem Titel **„El cóndor pasa"** („Der Kondor fliegt vorüber") ist wohl das bekannteste Lied aus Peru. Bekannt geworden ist es auch durch eine englischsprachige Version des Rock-Duos „Simon & Garfunkel" aus dem Jahre 1970. Das Original geht zurück auf eine peruanische Volksweise des 18. Jahrhunderts.

Weitere Rhythmen mit Sechzehntelnoten

43 Etüde

Rudolf Mauz

Trage mit einem Bleistift die Zählzeiten ein.

44 Zu Regensburg

Volkslied

45 Spiele auswendig

46 Clownerie

Rudolf Mauz

Hier wird der zweite Ton kurz, jedoch nicht gestoßen gespielt.

Ei - ne und die
1 e u d

47 Etüde

Rudolf Mauz

Spiele diese Melodie auf dem b-Daumenhebel.

48 Listen to the mocking Bird

Septimus Winner
(1827–1902)

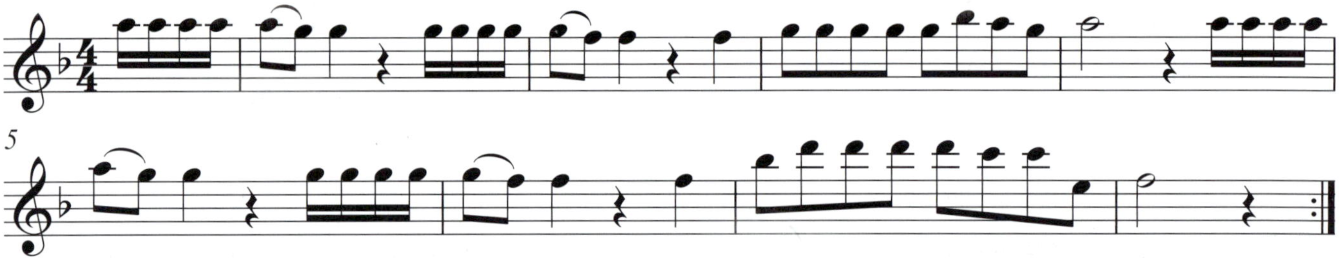

„Listen to the mocking bird" ist ein amerikanischer Folk-Song aus der Mitte des 19. Jahrhunderts. Die Sechzehntelnoten stellen den Gesang der Drossel dar. Es war eine der Lieblingsmelodien des amerikanischen Präsidenten Abraham Lincoln (1809-1865). Er mochte diese Melodie deshalb so sehr, da sie für ihn wie das Lachen eines spielenden Mädchens klang.

S Im Spielbuch ist das gesamte Stück mit Klavierbegleitung abgedruckt.

49 Duo

nach Wenzel von Sobinau
(um 1750)
Bearbeitung: Rudolf Mauz

Komponiere ein kurzes Stück mit Sechzehntelnoten in G-Dur.

komponiert von: ....

50 ______________________________

(* ....)

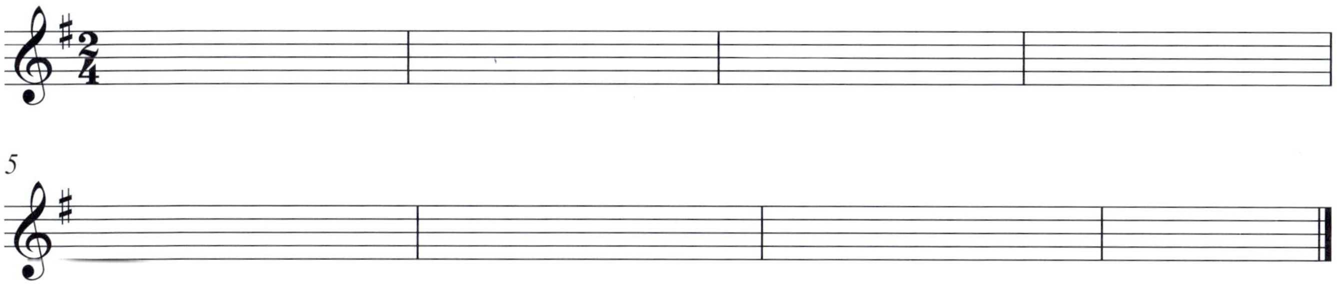

51 Rondeau

Esprit Chédeville
(1696–1762)
Bearbeitung: G. L.

Das **Rondo** (frz. Rondeau) ist eine bekannte musikalische Form, bei der sich ein wiederkehrender Teil mit anderen Teilen abwechselt. In Sonaten und Solokonzerten ist das Rondo häufig der virtuose Schlusssatz.

Typisch für die Barockmusik ist das „Kettenrondo“: *A – B – A – C – A …*

Kannst du die einzelnen Teile erkennen?

Das e'''

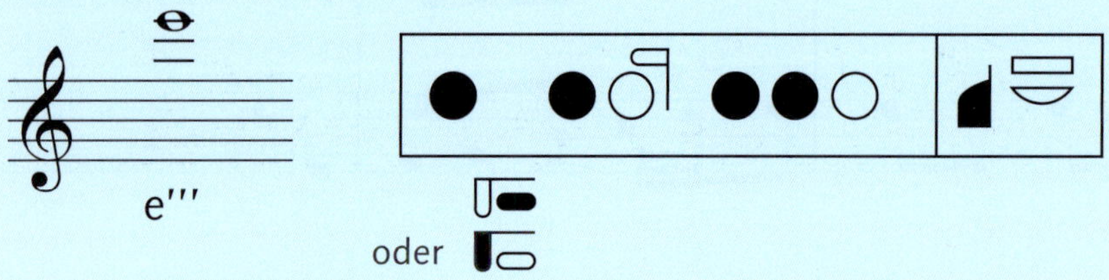

52 Fingergymnastik

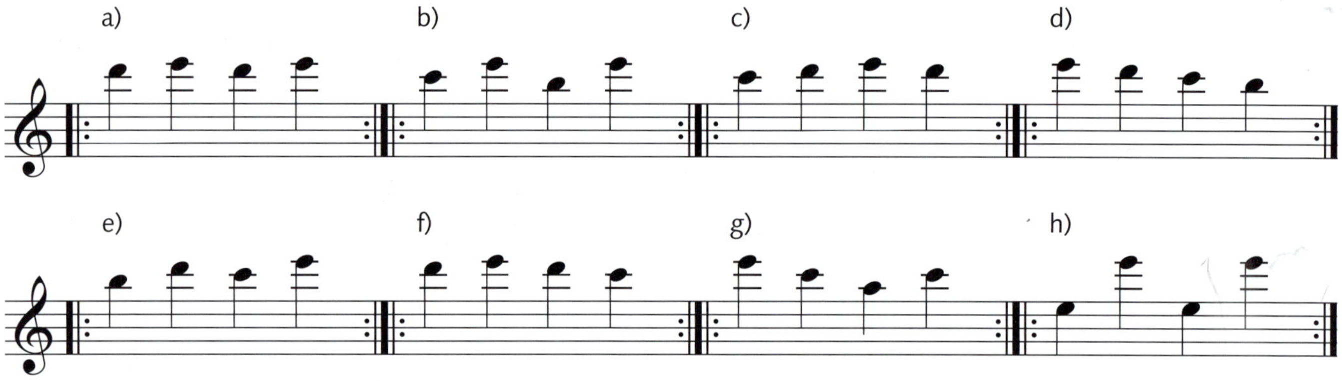

Auch legato üben.

53 Andante

Cesare Ciardi
(1818–1877)

Cesare Ciardi, aus Italien stammend, war Flötist in der kaiserlichen Oper in St. Petersburg. Ciardi war vielseitig begabt und auch als Bildhauer und Maler tätig.

S Jetzt kannst du im Spielbuch die Nummern 14–21 spielen.

54 Jägerchor

aus der Oper „Der Freischütz“

Carl Maria von Weber
(1786–1826)

Bei diesem Stück bleibt der Daumen auf dem b-Hebel.

Carl Maria von Weber ist besonders als Opernkomponist bekannt geblieben. Seine Oper „Der Freischütz“ gehört zu den meist gespielten Werken der Opernbühnen. Weber war einer der ersten Dirigenten, die das Orchester nicht mehr vom Instrument aus, sondern mit einem Taktstock in der Hand dirigierten.

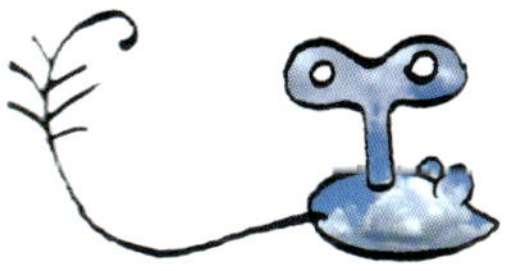

55 Improvisation II

Rudolf Mauz

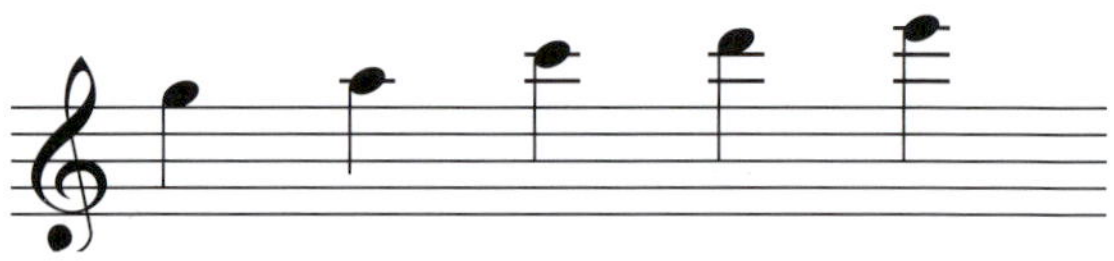

Improvisation II
Als harmonisches Gerüst spielen drei Flöten die Triostimmen. Dazu improvisiert eine weitere SpielerIn mit den fünf Tönen. Es kann reihum gewechselt werden.
Das harmonische Gerüst (Töne d, a, c, e, f) kann auch von einem Klavier (eine Oktave tiefer) gespielt werden.

Das f'''

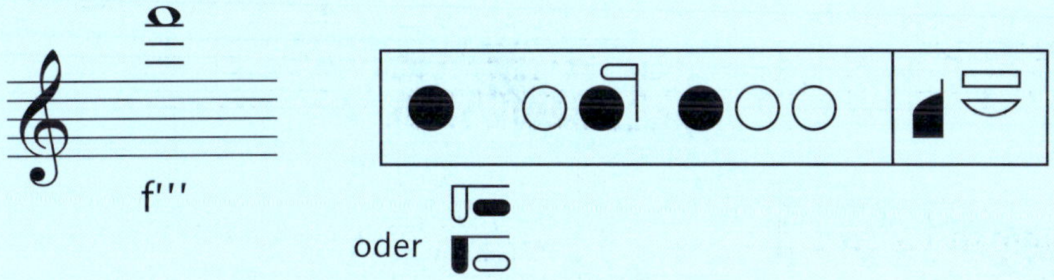

Die F-Dur-Tonleiter über zwei Oktaven

56 Der F-Dur-Tonleiter

Welche Varianten möchtest du spielen?

57 Der F-Dur-Dreiklang

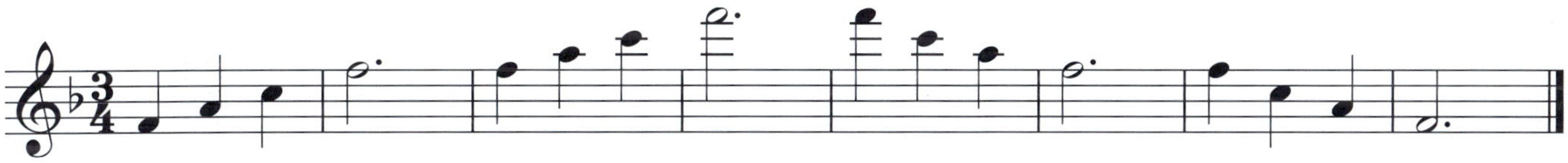

58 Fingergymnastik

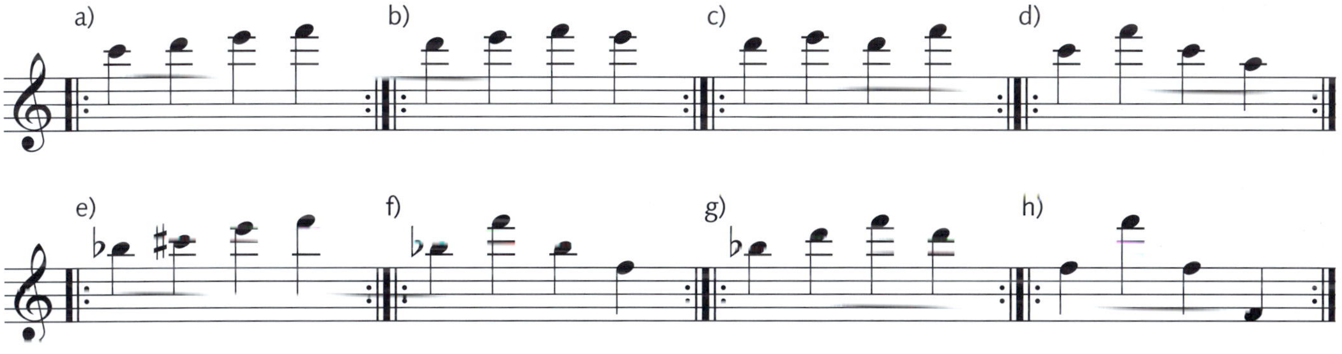

Auch legato üben.

Spiele den Kanon „Auf, ihr Kinder" (Seite 28) jetzt in F-Dur.

S Jetzt kannst du im Spielbuch die Nummer 22 spielen.

59 Tanz

anonym
(um 1740)
Bearbeitung: G. L.

60 The Galway Piper

aus Irland

61 Hurra, hurra, der Pumuckl ist da

Carpendale/Horn
König/Muschler
Satz: G. L.

Der Titelheld **Pumuckl** ist ein rothaariger Kobold, der bei Schreinermeister Eder lebt, seit er an dessen Leimtopf kleben geblieben ist. Pumuckls Leidenschaft ist das Aushecken von neuen Streichen.

Die Synkope

Bei einer Synkope werden die Betonungen des Taktes verändert. Im 4/4 Takt ist normalerweise die Zählzeit eins deutlich und die Zählzeit drei etwas betont:

Das Fremdwort **Synkope** bedeutet „Zerschneidung". Eine 4/4Takt wird durch eine Synkope „zerschnitten". Die unbetonten Zählzeiten zwei und vier sind nun betont.

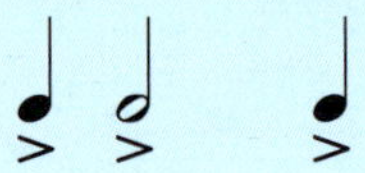

62 Duo I

Gefion Landgraf

Spiele das Duo I zunächst in einem ruhigen Tempo – dann nach und nach in schnelleren Tempi.

63 Viva la musica (Kanon)

Michael Praetorius
(1571–1621)

Erkennst du die Synkope?

64 Duo II

Gefion Landgraf

Hier wird ein 2/4 Takt „zerschnitten".
Trage mit einem Bleistift die Zählzeiten ein.

S Jetzt kannst du im Spielbuch die Nummern 23–26 spielen.

65 Etüde

Ernesto Köhler
(1849–1907)

66 Der Frühling

aus „Die vier Jahreszeiten"

Antonio Vivaldi
(1678–1741)
Bearbeitung: G. L.

Die vier Jahreszeiten (italienisch: Le quattro stagioni), so heißt wohl das bekannteste Werk des italienischen Komponisten **Antonio Vivaldi**. Es handelt sich um 4 Violinkonzerte, wovon jedes eine Jahreszeit porträtiert.

67 Die Perle

aus Mexico
Bearbeitung: Rudolf Mauz

68 Piggeon Point

Rudolf Mauz

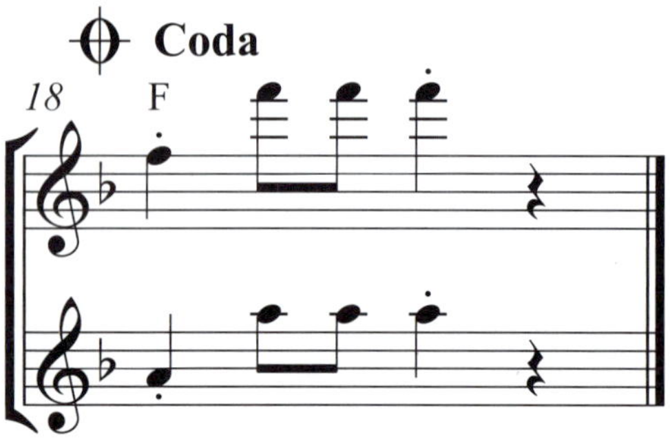

Wir erinnern uns: **D.C.** heißt, vorn vorne spielen. „Piggeon Point" wird am Ende von Takt 17 von vorne gespielt – allerdings nur bis zum Ende von Takt 7. Hier steht das **Coda-Zeichen**, man sagt auch **Kopf-Zeichen** dazu. Das bedeutet, dass von hier in die **Coda** (Takt 18) gesprungen wird.

69 La Jesuita

aus Mexico
Bearbeitung: G. L.

D.S. al Coda bedeutet, dass vom Zeichen in Takt 1 wiederholt wird. Am Ende von Takt 7 wird in die Coda (Takt 17) gesprungen.

Die enharmonische Verwechslung

Kennst du diese Note? 

Du hast diesen Ton schon oft als  gespielt.

Der Ton c wird durch ein ♯ um einen Halbton zu cis erhöht. Der Ton d wird durch ein ♭ zu des erniedrigt. Beide Töne werden gleich gegriffen. Man nennt dies enharmonische Verwechslung.

Hier sind weitere Beispiele:

70 Enharmonischer Test

Jetzt kannst du im Spielbuch die Nummern 27 und 28 spielen.

71 Simply the best for you

Rudolf Mauz

72 Tonhöhe gefragt

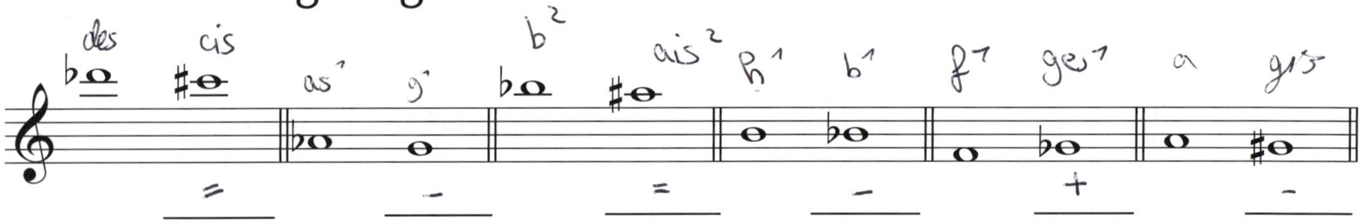

Bezeichne jeweils die zweite Note, ob sie höher (+), tiefer (-) oder gleich hoch (=) wie die vorhergehende ist.

73 Springtanz

Friedrich Zehm
(1927–2007)

aus: Friedrich Zehm, Neue Duettstudien für Querflöte, Schott FTR 98.

Das es'''

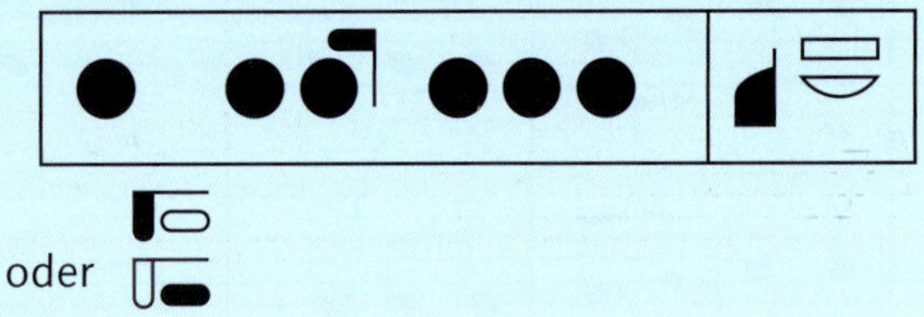

74 Fingergymnastik

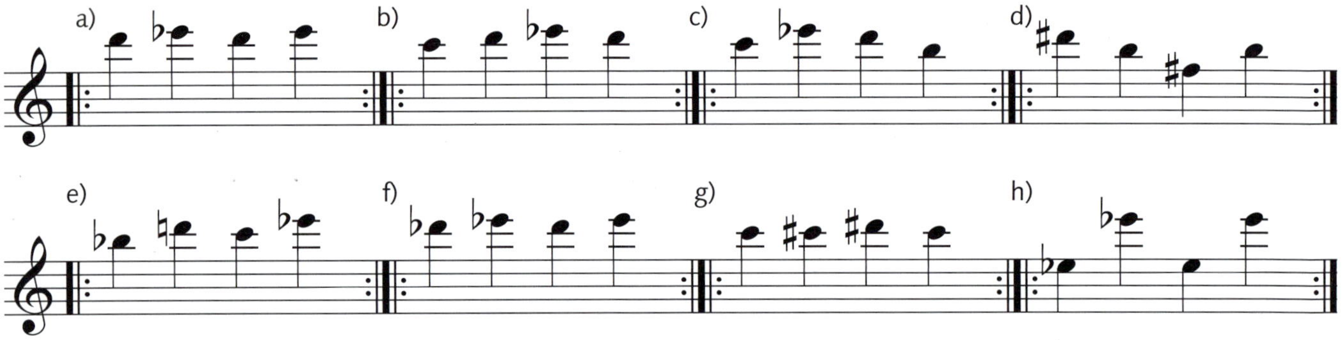

Auch legato üben.

75 Etüde

Giuseppe Gariboldi
Bearbeitung: G. L.

Die Es-Dur-Tonleiter über zwei Oktaven

76

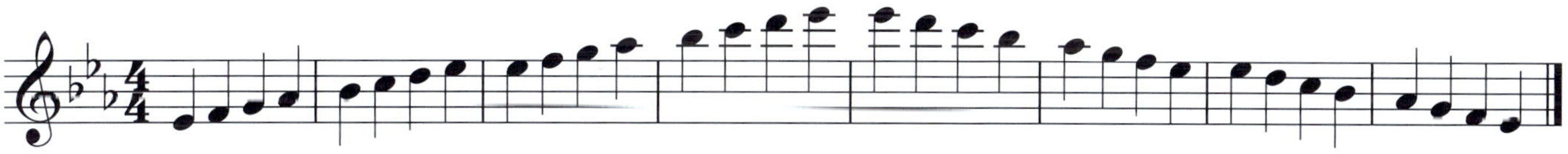

Welche Varianten möchtest du spielen?

77 Der Es-Dur-Dreiklang

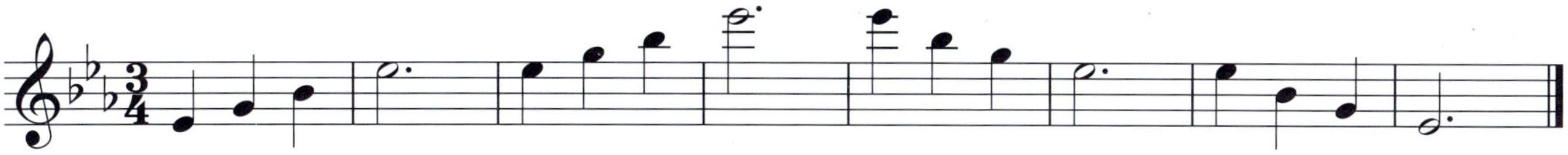

78 Bruder Jakob

Spiele auswendig den Kanon „Bruder Jakob“.

S Jetzt kannst du im Spielbuch die Nummern 29–35 spielen.

79 Es tönen die Lieder

Kanon

80 Marsch für Maulhelden

Rudolf Mauz

Wir erinnern uns: Vorzeichen und Auflösungszeichen gelten für den ganzen Takt.

Aber hallo!
Wir sind die Stärksten!
Wir sind die Allerabgefeimtesten!
qoole Jungs!
Wir sind die Qoolsten!
Wir sind die Besten!
Wir sind die Schönsten!

81 Marcia

Kaspar Fürstenau
(1772–1819)

Spiele dieses Stück auf dem b-Daumenhebel.

Kaspar Fürstenau war lange Zeit Flötist in der Hofkapelle des Erzherzogs Maximilian Franz von Österreich. Als reisender Virtuose und als Verfasser von Unterrichtsliteratur für Flöte wurde Fürstenau berühmt.

Transponiere dieses Stück nach F-Dur und schreibe es in dieser Tonart auch auf.

Marcia

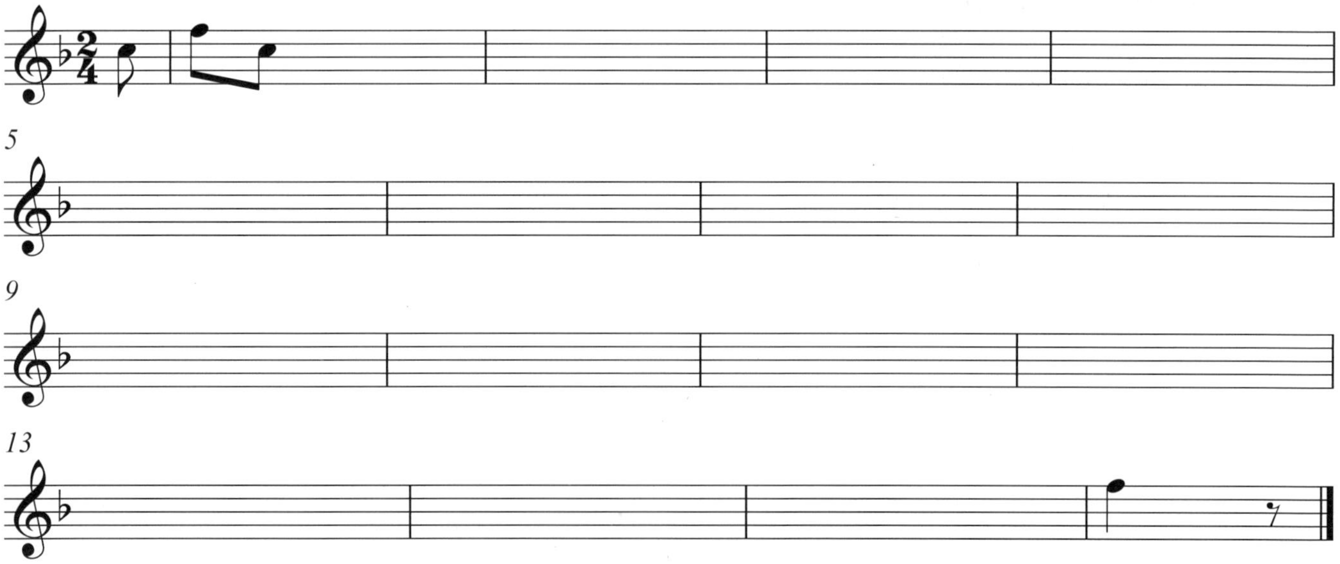

Einige Gedanken zum Üben

- Die Flöte sollte an einem sicheren Ort bereitliegen und zum Üben „auffordern".
- Der Notenständer hat seinen bestimmten Platz.
- Der Übeplatz sollte gut beleuchtet sein und nicht zu eng bemessen sein.
- Der Raum sollte gelüftet und angenehm temperiert sein.
- Übe nicht nur Stücke und Duos. Besonders die Einspiel-, Ton-, Anstoßübungen und das Spielen von Tonleitern und Dreiklängen bringen dich vorwärts.
- Beim Üben hört immer einer zu, und der bist du.

Bezeichne die Noten

Hier sind einige konkrete Vorschläge:

- „6 W", bedeutet: diese Stelle extra üben und 6 Mal wiederholen.
- „Schnecke" bedeutet: markierte Stellen langsam üben und dann in den Zusammenhang einbauen.
- ↔ Diese Stelle nicht nur von vorne, sondern auch mal von hinten üben.
-  Diesen Abschnitt klatschen.
- „T" Für diesen Abschnitt einen Text erfinden und in Taktsprache üben.
- Welche Ideen hast du?

Beispiel für den Ablauf einer Übeeinheit

1. Kurz aufwärmen.
2. Etwas spielen, das man sehr mag und gut kann.
3. Nun noch einmal umfangreich einspielen mit technischen Übungen.
4. Jetzt die Hauptaufgabe üben.
5. Danach wieder etwas Leichtes und Angenehmes üben oder spielen.
6. Zwischen den Punkten bewusst kurze Entspannungspausen einlegen!

Ein „Wochen-Übe-Plan" enthält

- Datum und Übedauer.
- Was wurde geübt?
- Notizen über das, was gut gelang.
- Notizen über das, was Schwierigkeiten bereitete.

Exkursionen

82 Reise zu den Ruinen

Rudolf Mauz

Im Spielbuch findest du dieses Duo zusammen mit zwei weiteren „Exkursionen" abgedruckt. Das Wort bedeutet: Ausflug, Wanderung, Reise. In diesem Fall ist es eine musikalische Reise.

Die Triole

Drei Achtelnoten werden im Wert von einer Viertelnote gespielt.

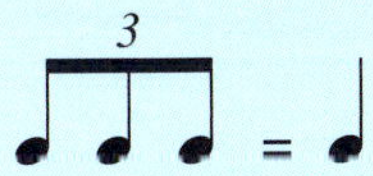

Ei-ner-lei zwei-er-lei drei-er-lei

83 Marsch

aus dem Ballett „Der Nussknacker“

Peter I. Tschaikowsky
(1840–1893)
Bearbeitung: Rudolf Mauz

Im Mittelpunkt der Geschichte „**Der Nussknacker**“ von E. T. A. Hoffmann steht Klärchen. Sie bekommt am Weihnachtsabend von ihrem Patenonkel einen Nussknacker geschenkt. Als sie sich hinlegt, schläft sie ein und träumt: Spielzeugsoldaten, angeführt vom Nussknacker, kämpfen gegen das Heer des Mäusekönigs.
Mit Klärchens Hilfe siegt der Nussknacker, der sich alsbald in einen Prinzen verwandelt. Nun steht der Reise in das Reich der Süßigkeiten nichts mehr im Weg.

S Jetzt kannst du im Spielbuch die Nummern 36–38 spielen.

84 Menuetto

Georg Philipp Telemann
(1681–1767)
Bearbeitung: G. L.

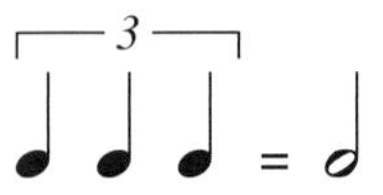

So sehen Viertel-Triolen aus.
Im Spielbuch findest du dafür das Stück „Caribbean Song“.

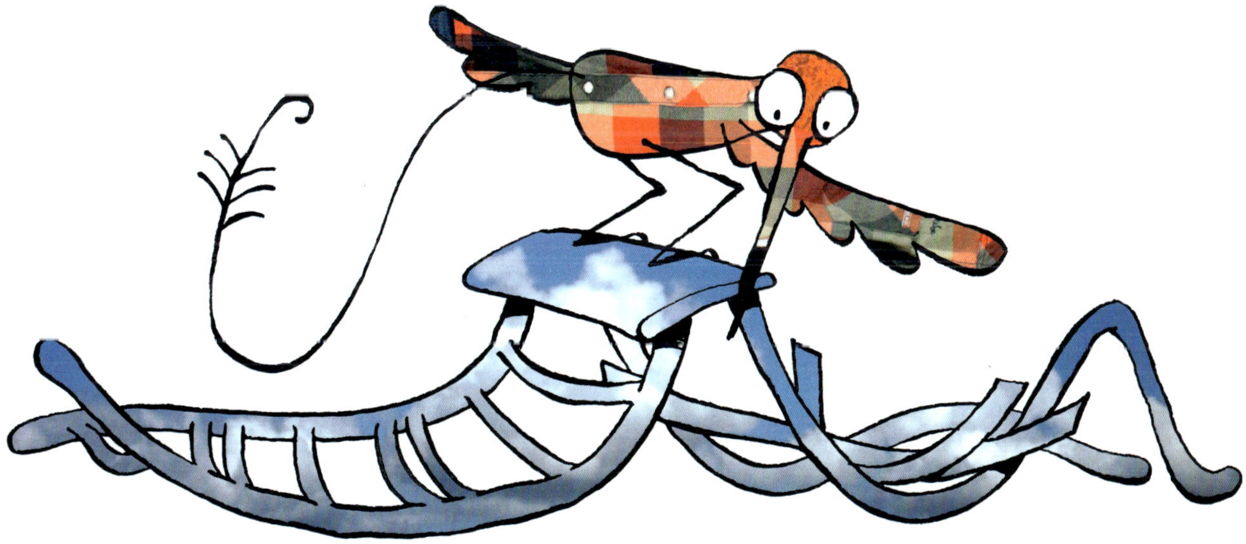

85 Die d-Moll-Tonleitern

rein (äolisch)

harmonisch

melodisch

Trage die Halbtonschritte ein!

86 Der d-Moll-Dreiklang

Zur Erinnerung lohnt sich ein Blick zurück zur Seite 8.

S Jetzt kannst du im Spielbuch die Nummer 39 spielen.

87 Spiele auswendig:

El condor pasa

Kalinka

88 Shalom Alejchem

Traditional
Bearbeitung: Rudolf Mauz

Shalom Alejchem ist hebräisch und heißt:
„Friede sei mit euch“.

89 Hevenu Shalom Alejchem

Traditional aus Israel
Bearbeitung: Rudolf Mauz

Dur oder Moll?

Bei dem Stück „Hevenu Shalom Alejchem" sehen wir ein ♭ vorgezeichnet.
Das bedeutet, dass das Stück entweder in F-Dur oder in d-Moll steht.

Wie finden wir die richtige Tonart?

1. Wir sehen uns den letzten Ton des Stückes an. Hier weist uns das d den Weg nach d-Moll.
2. Mehrmals im Stück erklingt der Ton cis. Cis ist in der harmonischen d-Moll-Tonleiter der Leitton.
3. Wir sehen uns den Auftakt an. D, f und a sind die Töne des d-Moll-Dreiklangs.

Der Alla-Breve Takt ₵ $\frac{2}{2}$

Der **Alla-Breve-Takt** (₵) ist ein 4/4-Takt im doppeltem Tempo. Die 𝅗𝅥 Note dient nun als Puls.

90 Alla-Breve-Übung

91 Melodie aus Russland

Wassili Solovieff-Sedoy (1907–1979)

Trage die Zählzeiten ein.

Spiele nun das Stück „Die Perle“ auf Seite 55 im Alla-Breve-Takt.

S Jetzt kannst du im Spielbuch die Nummern 40–45 spielen.

92 Stars and Stripes forever

John Philip Sousa
(1854–1932)

John Philip Sousa war Dirigent von Militärkapellen und Komponist von Marschmusik und Operetten. „Stars and Stripes forever" wurde 1987 von US-Präsident Ronald Reagan zum amerikanischen Nationalmarsch erklärt. Übrigens: Das Sousaphon (ein tiefes tubaähnliches Blechblasinstrument) wurde auf Anregung von Sousa entwickelt und auch nach ihm benannt.

93 Allegro

Amand Vanderhagen

Flageolett-Übung

Spielt man mit einem Musikinstrument einen Ton, so klingt außer diesem Grundton noch eine ganze Reihe von anderen Tönen, die dem Ton seine eigene Farbe und Charakteristik geben. Wir hören also nicht nur einen einzelnen Ton (Sinuston), sondern einen Klang. Dieser besteht aus dem Grundton und den „Obertönen".

1 2 3 4 5

c' und seine Obertöne

Wir können Obertöne auch erzeugen, ohne den Griff zu wechseln. Dabei wenden wir die Technik des Überblasens an. Diese Töne nennen wir Flageolett-Töne.

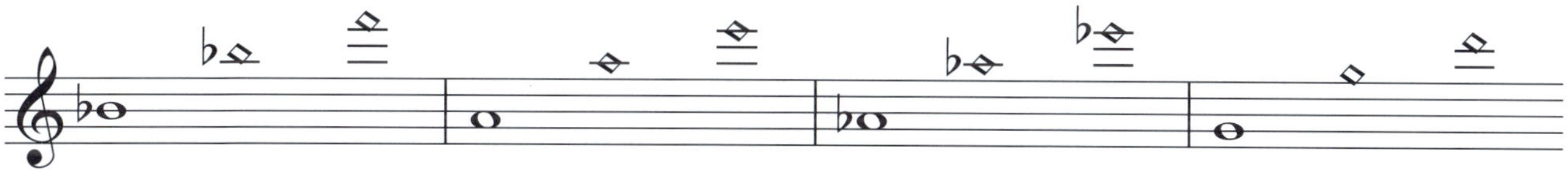

usw.

Vielleicht gelingt es dir sogar, ab dem as' noch einen weiteren Flageolett-Ton zu erzeugen?

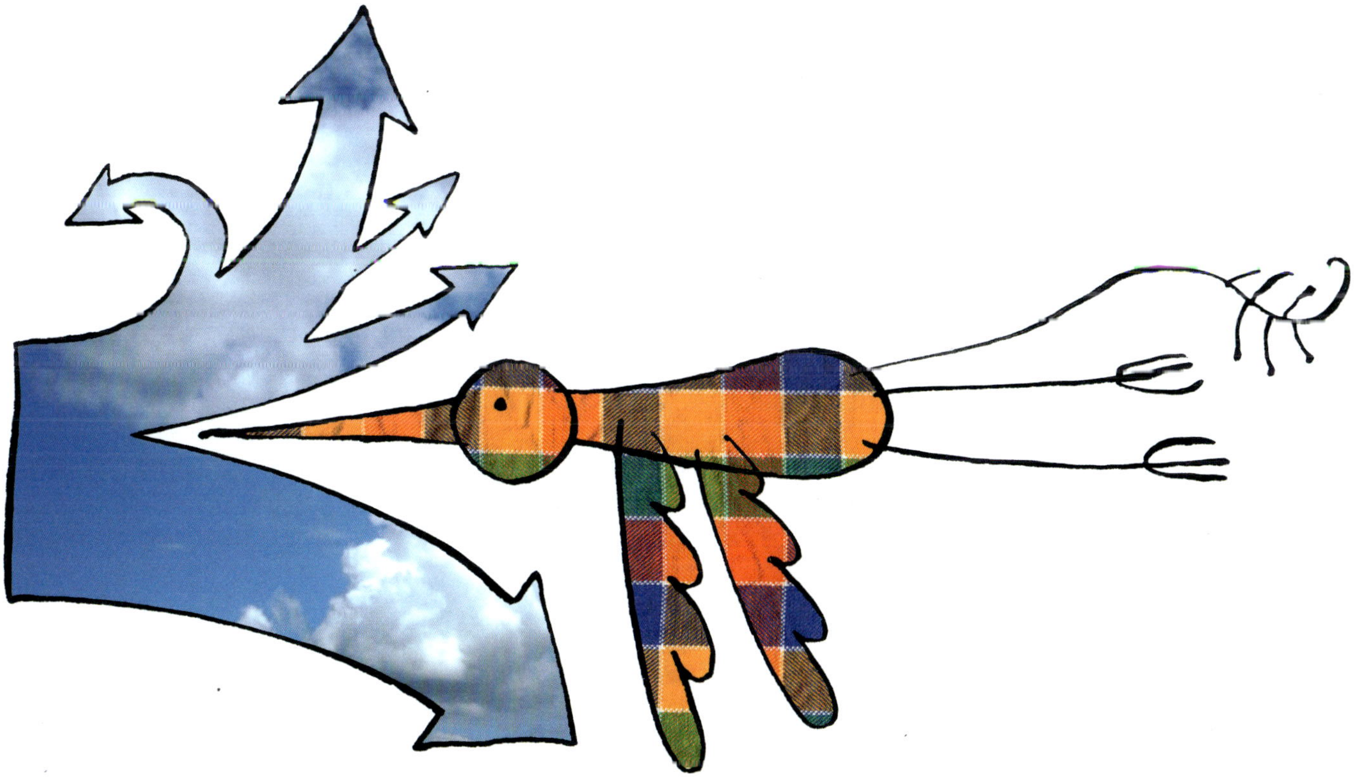

94 Bourrée

aus der Lautensuite in e-Moll BWV 996

Johann Sebastian Bach
(1685–1750)
Bearbeitung: G. L.

Die A-Dur-Tonleiter

95

Welche Varianten möchtest du spielen?

96 Der A-Dur-Dreiklang

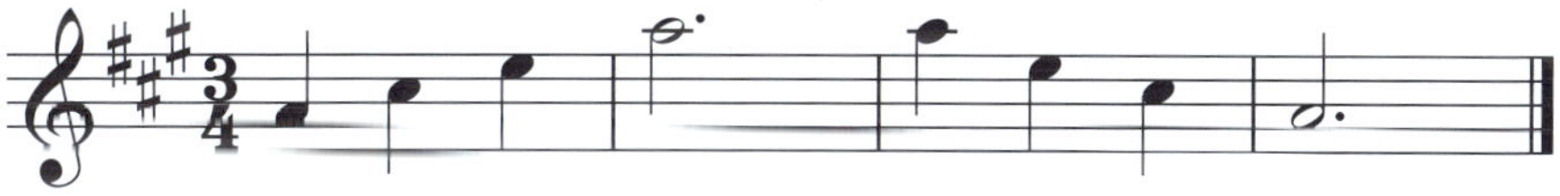

97 Come, follow me

John Hilton
(1599–1657)

Ein Duo in A-Dur findest du auf der Seite 93.

S Jetzt kannst du im Spielbuch die Nummer 46 spielen.

98 Abendstille überall

Kanon

Spiele den Kanon auch auswendig.

99 Die e-Moll-Tonleitern

rein (äolisch)

harmonisch

melodisch

Trage die Halbtonschritte ein!

100 Der e-Moll-Dreiklang

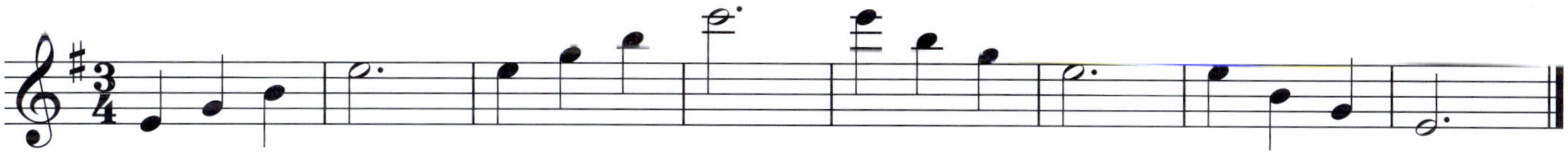

101 Altfranzösisches Lied

Peter Iljitsch Tschaikowsky
(1840–1893)

S Jetzt kannst du im Spielbuch
die Nummer 47 spielen.

102 Tango for Mary

Rudolf Mauz

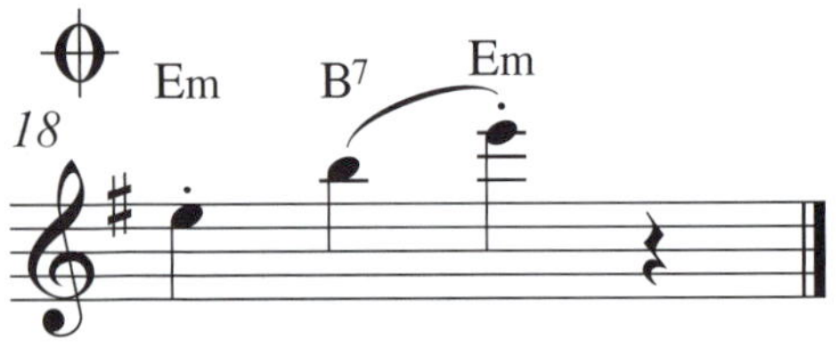

Möchtest du weitere Melodien in e-Moll spielen? Dann spiele die Duette auf Seite 72 und 73 und transponiere sie von d-Moll nach e-Moll, also einen Ganzton nach oben.

Ternäres Spiel – swingend spielen

Swingend spielen – jazzig spielen

Dieses Zeichen bedeutet, dass Achtelnoten swingend gespielt werden.

Man sagt auch „ternäres Spiel“ dazu. Das bedeutet, dass die erste Note etwas länger und die zweite Note etwas kürzer gespielt wird. So, als würdest du „duwa, duwa …“ sprechen.

103 Flute Swing

Rudolf Mauz

D. C. al Fine

*) Spiele die Noten  so, als würdest du doo-dit sprechen.

104 Joshua

Spiritual
Bearbeitung: Rudolf Mauz

Das **Akzentzeichen >** zeigt an, dass der Ton betont gespielt werden soll.

S Jetzt kannst du im Spielbuch die Nummern 48–50 spielen.

105 Kaleb

Rudolf Mauz

Die Spiritualmelodie „Joshua“ und das dazu komponierte Stück „Kaleb“ können auch direkt nacheinander gespielt werden.

Kaleb war einer der Kundschafter, die Mose von der Wüste Paran aus in das besiedelte Land Kanaan entsandte. Während die übrigen Kundschafter das Volk mit dem Gerücht erschreckten, das Land sei uneinnehmbar und von Riesen bewohnt, wagte es Kaleb neben Josua als einziger das Volk zu ermutigen, bei der Eroberung fest auf die Zusage ihres Gottes zu vertrauen.

Übungen zum Abschluss

Traditionelle Melodien bestehen zu einem Großteil aus Tonleiterausschnitten und Dreiklängen. Das bedeutet, dass Spieler eines Melodieinstruments, und die Flöte ist ein solches, Tonleitern und Dreiklänge beherrschen sollten.

Auf den folgenden Seiten sind die Dur-Tonleitern und Dreiklänge bis 3♯ und 3♭ abgedruckt. Als Anregung dafür, wie man Tonleitern und Dreiklänge üben kann, steht die nächste Seite. Und damit das Erarbeitete gleich eingesetzt werden kann, ist in jeder Tonart ein Duett beigefügt. So vorbereitet, müssten nun viele Stücke richtig gut zu bewältigen sein.

Ich hoffe, wir sehen uns in Band 3 wieder. Dort warten auf uns die Achteltakte, wir erweitern den Tonumfang, arbeiten mit Verzierungen, spielen chromatisch, lernen das Spielen mit Doppelzunge und vieles mehr.

Deine

Gefion Landgraf

Wir wiederholen (Dur-)Tonleitern und Dreiklänge

106 Die C-Dur-Tonleiter

Varianten:

107 Der C-Dur-Dreiklang

Die oben abgebildeten Varianten sind auch mit dem Dreiklang möglich und sinnvoll

Weitere Varianten:

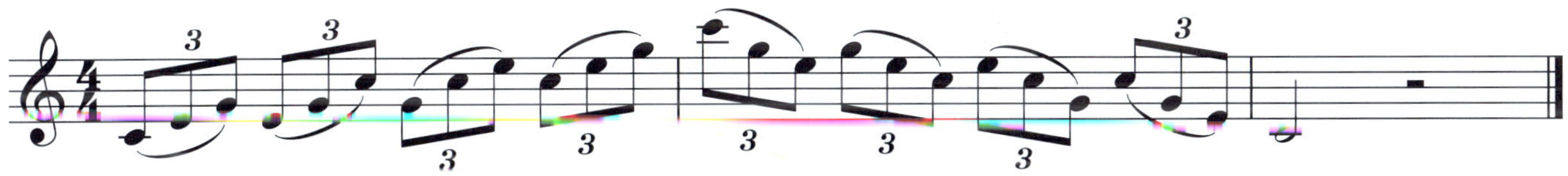

Weitere Varianten: oder

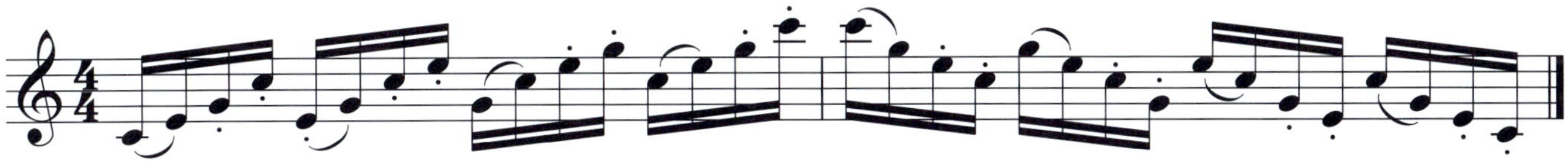

Auch in anderen Artikulationsvarianten üben.

108 Allegro

François Devienne
(1759–1803)
Bearbeitung: G. L.

109 G-Dur-Tonleiter und Dreiklang

110 Das klinget so herrlich

aus „Die Zauberflöte“ (Chor der Sklaven)

Wolfgang Amadeus Mozart
(1756–1791)
Bearbeitung: G. L.

111 F-Dur-Tonleiter und Dreiklang

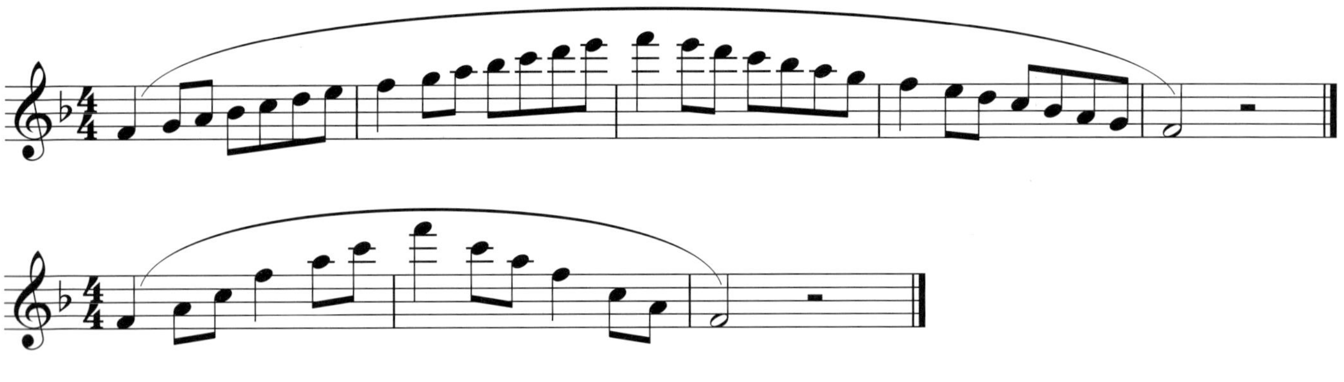

112 Burleske

Leopold Mozart
(1719–1787)
Bearbeitung: G. L.

Eine Burleske ist ein lustiges Instrumentalstück.

113 D-Dur-Tonleiter und Dreiklang

114 Allegretto

François Devienne
(1759–1803)

Ein Allegretto wird etwas langsamer als ein Allegro gespielt.

115 B-Dur-Tonleiter und Dreiklang

116 Herr Bolle

aus Berlin
Bearbeitung: Rudolf Mauz

117 A-Dur-Tonleiter und Dreiklang

118 Tom Dooley

Traditional
Bearbeitung: G. L.

119 Es-Dur-Tonleiter und Dreiklang

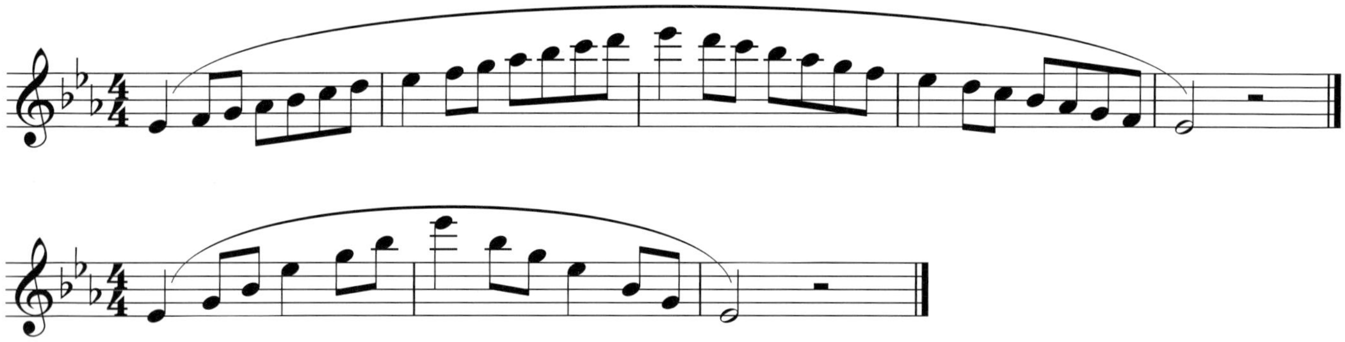

120 Peacherine Rag

Scott Joplin
(1868–1917)
Bearbeitung: Rudolf Mauz

Meine Lieblingsstücke

Nummer und Name des Stückes	gelernt am	auswendig am	vorgespielt am

Grifftabelle

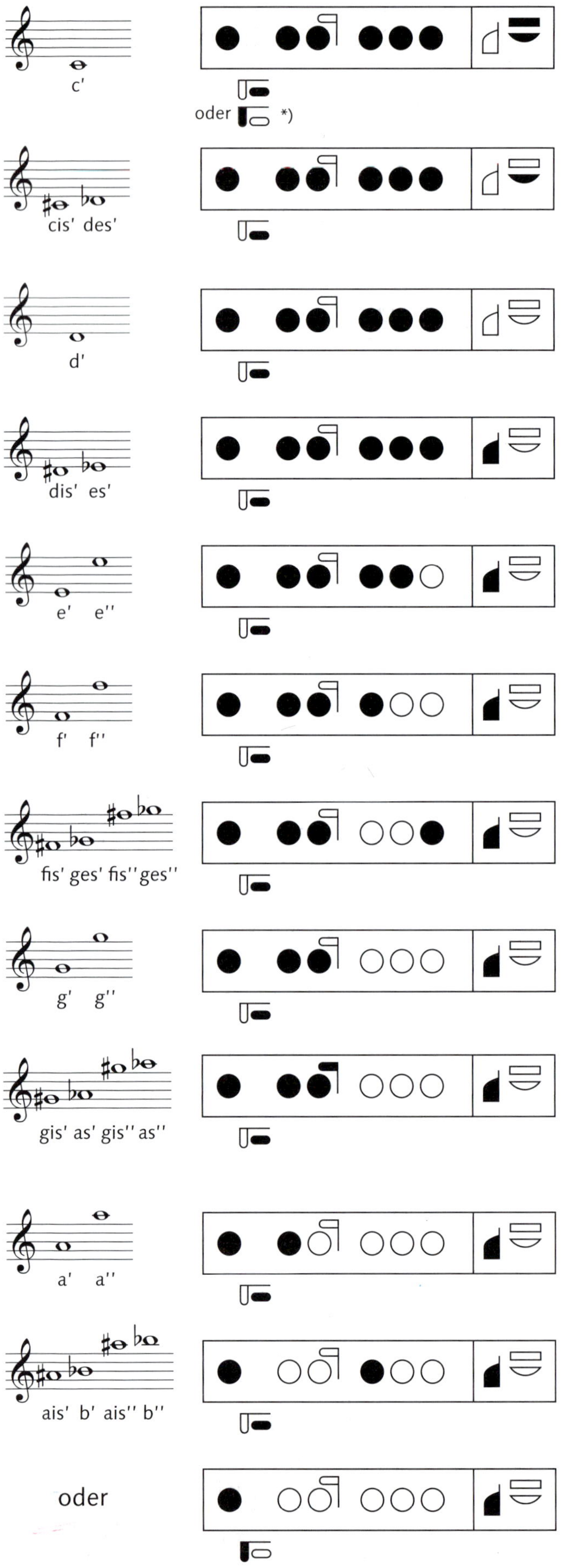

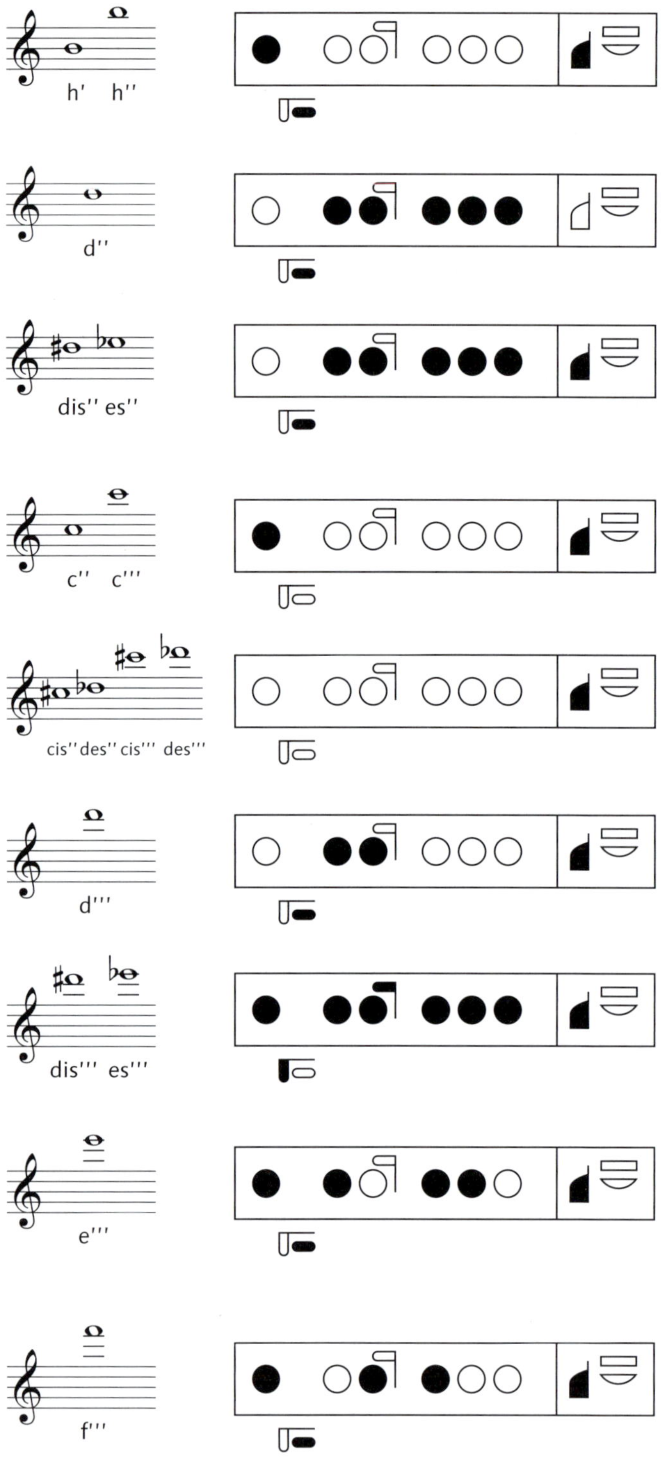

*) Mit Ausnahme von h', h'', c'', c''', cis'' und cis''' können alle Töne auch mit dem B-Hebel gespielt werden.